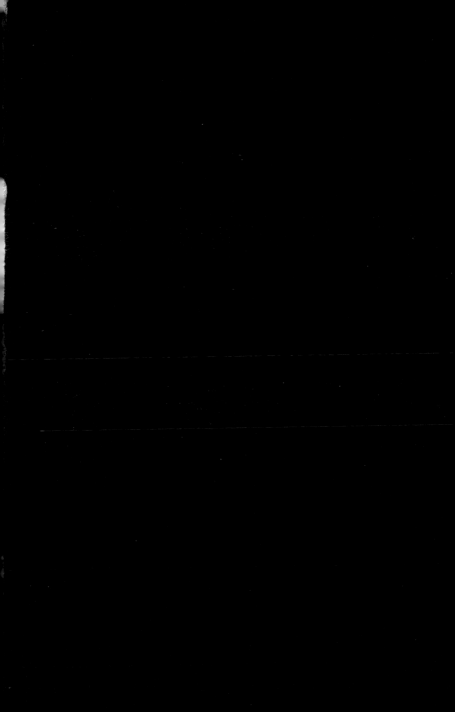

# コロナと風俗嬢

八木澤高明

草思社

# コロナと風俗嬢

装丁
金井久幸
（TwoThree）

写真
著者撮影

# はじめに

二〇二〇年初頭から世界を席巻した新型コロナウイルスの感染爆発によって外出の機会はめっきり減り、仕事がひと段落した休息日などには、朝からテレビの前に座っていることが多くなった。

まずは朝と昼のワイドショー、それから夕方の帯番組、そして夜の報道番組と、一日じゅうコロナ関連のニュースを眺めている日もあった。

あまりにそうした情報に浸っていたため、どの番組だったかはもう覚えていないが、あるときこんな映像を目にした。このコロナ禍とそれによる営業自粛や客の激減で仕事を失ったという風俗嬢やホステスが、記者のインタビューに答えていた。行政の職業差別によって公的な支援金を受け取れず、生活が困窮していると訴える内容だった。

未曾有の状況にもがく女性たちの窮状を伝えることには意義がある。そう思う一方で、同時にこんな感情も湧いてきた。広い世の中には、苦しい、大変だという思いを抱えつづけて生きている女性ばかりではなく、この状況下でもしたたかに生き抜いている女性もまた、いるのではないかと。

新型コロナウイルスの流行がはじまり日常が変化して二年近くが過ぎたが、その間、私が頭の片隅でしばしば思い出してきた光景がある。いまから十七年前に訪ねた、戦争の傷痕も生々しいイラク・バグダッドで見た街と人々の姿だ。

二〇〇四年三月に写真週刊誌の専属カメラマンを辞めた私は、その翌日イラクへ飛んだ。写真を発表する当ても何もないまま、行けば何とかなるだろうと思っていた。振り返ってみると、本当に綱渡りなフリーランスへの旅立ちだった。

ちょうどイラク戦争が終わって一年が過ぎたころで、バグダッドは日に日に治安が悪化していた。断続的にどこからともなく銃声が聞こえ、映画で見た米軍のヘリコプター、ブラックホークが低空飛行で飛んでいた。眺望だけが取り柄の一泊一〇ドルの安宿で、間近を飛び去っていくヘリを窓から眺めながら、えらいところに来たなと身震いした。

街を歩けば、フセイン政権時代の庁舎がピンポイント爆撃によって破壊されていた。崩れ落ちたビルの前には、米軍のブーツやヌード写真が載ったグラビア誌、ラジオなどのガラクタを売る「泥棒市場」と呼ばれる闇市が立っていた。チグリス川のほとりにあるビルの一室では、娼婦が体を売っていた。

反米組織による車爆弾テロが起きるのもしばしばだった。目の前にふつうに存在していた建物が一瞬で跡形もなく吹き飛ばされても、しかし、街の人々の営みは変わらなかった。

私はこのバグダッドで、この目に焼きつけた。命の危険が隣り合わせのヒリヒリする日常においても人々が市場で肉や魚を買い、ネットカフェでアダルト動画を眺め、街の片隅でこっそり女を買う姿を。

生活者として暮らしたわけではなく、平和でのどかな国から来た人間の物見遊山の旅ではあったが、人間という生き物が持つ鈍感力と生命力の強さを、感じずにはいられなかった。

二〇二〇年二月、船内で新型コロナウイルスの集団感染が発生した大型クルーズ船ダイヤモンド・プリンセスが横浜港大黒ふ頭沖に停泊したあのときから、日本でも多くの人が熱に倒れ、命を落としてきた。全国民のこれまでの日常が一変した。普段であれば見えないものが白日の下にさらされた。

コロナ禍にぶち当たり一年延期となった東京オリンピック・パラリンピックは、開催反対が大多数の国民の意見だったにもかかわらず、翌二〇二一年七月~九月、国際オリンピック委員会および日本政府のごり押しで強行開催された。このゴタゴタは期せずして、善なるイメージに彩られた世界的イベントが、実際にはスポーツや平和の祭典と大きくかけ離れた金銭至上主義に毒されたものであることを明らかにした。日本の政権政党、そして首相に国民の命と安全を守るつもりなどさらさらなく、みずからの権力をいかに維持するかだけを考えているということが、多くの国民の知るところとなった。

最終ラインとして、どこかでわずかなりとも信頼していたものが崩れ去った絶望感。そして憤《いきどお》り。

非常事態下で迷走を続ける日本に暮らしたこの二年、私は自分の国が焼け野原になってしまったかのような錯覚をずっと捨てられずにいる。

いまから約七十五年前。米軍の空襲で焼け野原となった日本各地に、「パンパン」と呼ばれた春を売る女性たちの姿があった。焼かれた建物の灰から咲いた花のように、彼女たちは街なかを闊歩《かっぽ》した。戦時中にまとっていたモンペを脱ぎ捨て、昨日までの秩序に抗《あらが》うように明るいスカート姿で街に現れた。

戦争という悲劇のどん底から、パンパンは生まれた。

幸せな生活をつかむ女性もいれば、苦海に沈む女性もいた。

では、このコロナが生み出した焼け野原で、現代の娼婦たちはどのように生きているのだろうか。

苦しい状況にあることは容易に想像がつく。ただ人間は逆境のなかにあっても、その宿命に流されているだけの弱い生き物ではない。電気も水道もないイラク軍の基地跡に暮らしていたバグダッドの人々は、通訳が「家畜の食い物だ」と言い放った豆を煮て、命をつないでいた。

日本であの光景を思い起こさせるような現実と向き合う日が来るとは、しかも日本全国で逃げ場がない状況になってしまうとは、思ってもみなかった。

こうして私のなかで、どうしても現場を歩きたいという思いに火がついた。

令和という新しい時代を迎えた現代の日本で、これ以上ない濃厚接触を飯のタネにコロナ禍を生きている女性たちに会ってみたい。そこにはきっと、私の弛緩した意識に平手打ちを食らわすような痛快な生き方をしている傑物がいるのではないか。そんな気持ちを抑えられなかった。

私は、テレビの前に置かれているソファから離れて、閑散とした街に出ることにした。

# 目次

# 第1章 コロナとデリヘル女性経営者

## 売り上げが半減したＳＭクラブ

「一回目の緊急事態宣言が明けたあと、夏ぐらいからは少しずつお客さんも戻ってきていたんです。毎月石川県から通ってきていたお客さんがいるんですけど、以前のように来てくれるようになって。これでようやく落ち着いてきたなと思っていたんですよ。でも、十一月ぐらいからまた感染者が増えはじめたじゃないですか。そのころからキャンセルが出はじめて、いまはかなり厳しい状況です」

二〇二一年二月のある日、千葉県内でＳＭクラブを経営するルミは、不安げな表情でそう言った。

新型コロナウイルスの感染拡大が止まらず、二度目の緊急事態宣言が出されてから一カ月近くが経とうとしていた。

彼女が経営するＳＭクラブは店舗型ではなく、私が訪れていたマンションの一室を事務所として営業する、派遣型のデリバリーヘルスである。

ルミと知り合ったのは二〇一九年のことだった。経済的に厳しい生活を強いられている風俗嬢に話を聞いて書くという週刊誌の記事を連載していたとき、取材したある女性から「元同僚で業界の事情通がいる」と紹介された。

ルミのＳＭクラブは、いわゆる「デブ専」と呼ばれるカテゴリーに属している。四十九歳の彼女自身、体重は一〇〇キロを超えている。事務所のリビングルームに置かれた低いソファに座っているその姿は、こんなことを言っては失礼だが、相撲取りの稽古を見つめる親方のような貫禄がある。

堂々とした体軀とは裏腹に人当たりは柔らかく、小気味よく自身の話から業界のことまで縦横に語ってくれるので、訪ねるたびに取材も忘れて彼女の話に聞き入ってしまうのがつねだった。

新型コロナウイルス感染拡大のニュースが毎日のように流れ、感染者の相次ぐ死亡や中小企業の倒産、自殺の増加など、陰鬱なニュースを耳にするたびに、ルミの経営する店は大丈夫なのだろうかと気にかかっていた。二回目の緊急事態宣言が出たあと、連絡をとってみた。

電話に出た彼女の声音は以前と変わらぬように聞こえた。昨今の状況を聞かせてもらえないかとお願いすると「いつでもいいですよ」と気さくな返事が返ってきた。

約一年ぶりに事務所へお邪魔すると、以前と同じように玄関の水槽には数匹の琉金《りゅうきん》が泳いでいた。のんびり動きまわるその姿を目にして、なんとなくほっとした。

「こんにちは」

玄関で靴を脱ぎながら声をかけると、「どうぞ、奥に入ってください」というルミの声がした。リビングにどっしりと腰をおろしている姿はかつてと変わらなかったが、そのたたずまいとは裏腹に、経営は厳しいようだった。

「この業界って、二〇〇〇年代にくらべたら規模は小さくなってきましたけど、それでも食べていくぶんにはなんとかなりました。平均すると、月に一〇〇万ぐらいは売り上げがあったから。でも去年の四月に緊急事態宣言が出てからは半分ぐらいに落ちました。ちなみに、十二月の売り上げは四七万三〇〇〇円ですよ」

「その数字だとかなり厳しいですか」

「そうですね。とても人には言えない現状で、悲しくなります。二十年前にこの仕事をはじめたころは少なくても月に三〇〇万の売り上げは立っていました。それがこの数カ月、毎月一〇万ぐらいは持ち出しですからね。広告、家賃、光熱費などで五〇万ぐらいはかかるんです」

「固定費の具体的な内訳をうかがってもいいですか」

「家賃で一三万円、広告費で一五万円、光熱費が五万から六万円、食費が四万円から五万円、電話代が七万円、それにガソリン代だとか雑費を入れると五〇万円ぐらいにはなっちゃうんですよ」

「風俗だと、持続化給付金や家賃補助などは申請できないんですよね」

「いや、もともと国の補助金はいっさい受け取るつもりはないから関係ないです。そういうお金を受け取るとね、結局税務署から目をつけられることになるから。極力目立たないようにやるのがいちばんだと思っています。大手を振って歩けないこういう商売をしている人間は、国からお金をもらったりしないほうがいいんですよ。ただでさえ、つねに見られていると思うんでね」

その言葉には政府に頼ろうとする権利意識はみじんもなく、心の根っこから滲《にじ》み出た自助の念が感じられた。まずは己の身を削ろう、そうやって生き残っていくほかないんだという覚悟とでもいうべきか。

いまだコロナが収束する気配はないが、しんどいなかにあっても経営を続けているルミの思いとは、いったいどんなものなのだろうか。

「ご飯を食べていくことがいちばんですけど、私のことを頼ってくれている女のコたちがいるんでね。そのコたちのために、というのはあります。この先コロナがどうなっていくのかもわからないし、どこかで限界がくるのかもしれませんけど、いまはまだ意地でもこの業界でやっていきたいと思っています」

ルミがSMクラブの経営者として、この難局をなんとか持ちこたえたいと考えているのは、この業界に自分自身が助けられてきたとの思いがあるからだった。

## 六〇〇万円の借金を抱え、シングルマザーに

ルミが現在のように派遣型ＳＭクラブの経営者となったのは、経済的な困窮から抜け出すために自身が風俗嬢となったことがそもそものきっかけだ。

一九九六年、二十四歳だったルミはある理由から借金でがんじがらめになっていた。消費者金融からの督促電話が毎日鳴り、ふたりの幼子と暮らしていたアパートにまで借金取りが押しかけてくるほど追い詰められていた。

ある日、ルミが借金の返済のため働きに出ているあいだ、当時小学校一年生だった娘が電話に出たことがあった。家にかかってくる電話のほとんどは借金取りからのものだったから、留守番中はぜったいに電話に出ないようにと娘に言い含めていたが、幼い心に何か思うところがあったのだろう、娘は受話器をつかむやこう言い放った。

「しゃっきんやさんですか。もうママのことをイジめないでください」

しかし、その電話は借金取りからのものではなかった。借金に苦しむルミのことを、無理心中でもしないかと心配した友人がかけてきたのだった。

「あとで言われたんですよ。娘がそんなふうに言っていたって。そこまでわが子を追い込んでしまっていたのかとショックでしたね。いまでは笑い話にもなりますけど、当時は、なんとかこの状況から抜け出さないとダメだと深刻に悩んでいました」

それからというもの、以前にも増して寝る間も惜しんで働いた。

「朝四時から新聞の配達、夜は居酒屋。ほかにもいくつもバイトを掛け持ちしていました。それでも借金が全然減らないいんです。利子だけを返しているような状況がずっと続いて。本当にどうしたらいいのかと……袋小路に追い詰められていましたね。死んだほうが楽になるんじゃないかと何度も思いました」

ここまで苦しみつづける借金を背負い込んだ理由、それは離婚にあった。

十代からの波瀾に満ちた半生を振り返りながら、ルミは結婚から離婚にいたる経緯を初めて詳しく語ってくれた。

「勉強は好きじゃなくて、千葉の片田舎で中二ぐらいからグレはじめましたね。うちはそうではなかったけど、まわりには経済的に厳しい家も多くて。万引きなんて当たり前なんですけど、親から買い物袋だけ渡されて『スーパーに行って盗《と》ってこい』と言われている子もいました。まさに映画の『万引き家族』です。私も暴走族、シンナー、タバコ、薬と不良がやるものはほとんどやりました。お金が欲しいから、仲間たちを駅のまわりに立たせて、その筋から仕入れたシンナーを売らせたりとかも」

薬やシンナーをやめられず、命を落とす仲間もいた。

「先輩なんですけど、シンナーを吸いながらふらふらと車道を歩き出して、トラックに轢《ひ》かれて死んだ人もいました。これはさすがにまずいなと思って、不良の仲間とは縁を切ることにしたんです。私はいきなり抜けたんで、三十年も経ちますけど、当時の仲間から『なんでいなくなったんだ』っていまだに電話がかかってきたりしますよ」

不良仲間から抜けたルミは、手に職をつけようと考えた。

「美容師になろうと思って、中学を卒業すると美容学校に行きました。一年で卒業して街の美容室へインターンで入ったんですが、給料なんてないようなものです。仕事が終わるとスナックに通ってアルバイトをはじめました。その店で、職人だった元夫と出会ったんです。いい人だから結婚してもいいかなと思ったんですけど、私これで意外と慎重な性格なんですよ。むこうの両親、兄弟、全員と会い、土地とか財産はあるのかも確認してから結婚しました。十八歳のときです。生活費はちゃんと入れてくれるんですけど、ギャンブル狂いでしたね。パチンコから競輪、競馬、やらないギャンブルはありませんでした。それまで私はパチンコなんてやったことなかったんですけど、よく朝から一緒に並ばされて。その名残でいまもパチンコはやってます。外だけじゃなくて、家でも仲間を呼んでおいちょかぶをやったり、ノミ屋までやっていたから、新婚なのにプライベートもありませんでした。ずっと我慢していましたね。子どもがふたりできて、少しは変わってくれるかなと思ったんですが、一ミリも変わらなかった。乳飲み子を育てるにはひどい環境ですよ。その生活に我慢できなくて、とうとう怒りにまかせてブチ切れてしまうようになったんです。もう発狂に近いですね。それで二十歳《はたち》で離婚しました」

離婚に際して、元夫側からは子どもの親権を要求された。

「元夫は長男、子どもたちは初孫だったから、むこうの両親は、どうしても孫と離れたくなかったんですよ。家業は石材店で、いずれは跡取りにとも思っていたでしょうね。子どもを渡してくれたら、慰謝料だけじゃなく、これまでに購入した車や家具、生活用品のローンなどをすべて負担すると言われました。全部まとめて六〇〇万円ぐらい。でも、親権は絶対に渡したくなかったし、ごちゃごちゃ言い合うのも嫌だったから、慰謝料は受け取らず、ローンは全部私が背負うかわりに親権は渡さない、ということにしました。世間にはまだバブルの余韻があったし、シングルマザーになってても何とかやっていけるはずだと思ったんです」

二十歳にして六〇〇万の借金を抱えるシングルマザーとなったルミだが、そこまでして親権にこだわったのは、自身の生い立ちに理由があった。

「私の父親はフィリピン人で、母親は日本人とフィリピン人のハーフなんです。父は米軍基地の周辺や日本全国のスナックなんかを回って演奏するベースマンでした」

初めて本人から聞いた話だったが、そう言われてみるとたしかに彼女の目はぱっちりしていて、どこかエキゾチックな顔立ちをしている。

「母親とは新宿で知り合ったと聞いています。結婚してから父は沖縄の米軍基地の中で働くようになり、ふたりで沖縄で生活していたそうです。でも、しばらくして父の仕事がなくなって、当時生まれたばかりの私を連れて三人でフィリピンに行き、そこで暮らそうということとになった。私は赤ん坊だったので、フィリピンの記憶はまったくありません。暮らしはじめてすぐに、むこうに父親の子どもがいたことが発覚したんです。まあ、よくある話ですけど。母親はそんなの許せないと離婚して、生後四カ月の私を抱き日本に戻ってきました。でもね、母はそれから二カ月後に今度はアメリカの軍人と再婚して、あっちの国に行ってしまったんです。だから私は祖父母に育てられました。中学生になって、本当の母親が生きているんだと知るまで、自分に両親はいないものだと思っていました。両親の愛情というものを感じたことが一度もなかった。だから、もし自分に子どもができたら大事に育てたいという気持ちが強かったんです」

「お母さんはフィリピンから帰ってすぐ、まだ六カ月の娘さんを両親に託してアメリカへ渡ったんですね。お母さんとは、その後、会われたんですか」

「高校生のときに会いました。離婚して帰国してきたんです。『どうも初めまして』と言ってね。水玉のワンピースを着ていてすごい派手、女優みたいな人だなっていうのが第一印象でしたね。この人が本当に私のお母さんなのって。当時から私はぽっちゃりしていましたけど、ずいぶんとほっそりしていてモデルみたいでしたから。実際、若いとき日本でラジオ局のアナウンサーやモデルもやっていたらしいです。祖父が会社の重役だったんで、すごいお嬢さんとして育てられたせいか、どこか浮世離れしていましたね。いまでは普通に話しますけど、再会した当初はすごい違和感というか、よそよそしい感じで接していました」

「おじいさん、おばあさんとの暮らしはどうだったんですか」

「しつけは厳しかったですけど、やりたいと言えば、習い事は何でもさせてくれました。小学校のときはバレエ、ピアノ、水泳、書道、そろばん、学習塾と毎日習い事に行っていました。それが小学校高学年から中学生になるぐらいから悪くなりはじめて、月謝をごまかしたお金で遊びまわるようになっていったんです。環境のせいにしたらいけないんですけど、やっぱり両親がいないから、相談する相手がいないんですよね。そうなると、境遇が近い片親の子とかと仲良くなって、お互いさびしいから外で会うようになって、遊びもエスカレートしていったんです」

「お父さんの消息については調べたりしましたか」

「実の父親がフィリピン人だってことは中学生のときに知りました。美容学校を出たあとスナックでバイトをしていたとき、そこで働いているフィリピン人の女の子と仲良くなったんですよ。それで、お父さんの名前を話したら、『同姓同名でバンドをやっていた人を知っている』という人を見つけてくれて。その人にお父さんの家の電話番号聞いてもらって、電話をかけました。そうしたら、お父さんの息子、つまり私の異母兄弟が電話口に出ました。彼が言うには、お父さんは亡くなったと。写真も一枚もないですし、何の記録もない。そもそも、私には父親の記憶はまったくないんですからね」

環境のせいにしたくないとルミは言ったが、両親の不在が彼女の人生に大きな影を落としたことは間違いない。

## 肉体労働からピンサロを経てＳＭクラブへ

並々ならぬ決意でシングルマザーになったルミに、現実の社会は厳しかった。

「休みなしで朝から晩までバイトをしても、家賃などの生活費を差し引いたら月に三万円を返済するのがやっとでした。それでは元金はもちろん、利子にも足りません。なんとかしようとはじめたのが、土木工事とトラックの運転手の仕事でした。最初は建設現場で働いていたんですけど、会社の社長が、女の人が肉体労働をしているのは金銭的に困っているのにちがいないと相談に乗ってくれました。それで、『女性で肉体労働は大変だろうし、給料も少し増やしてあげるからトラックに乗りなさい』と言ってくれて、現場での仕事から離れました。少しは手取りの金額が増えましたけど、それでも利子を返すのがやっとの状態で、借金じたいはまったく減りませんでしたね」

借金の重圧に押しつぶされそうな日々。そんなあるとき目に留まったのが、風俗専門の求人誌だった。これだけ頑張っても限界がある以上、まとまった現金を得られるならばと何の躊躇《ちゅうちょ》もなかったという。

「サウナ一日三万円保証と書いてあったんです。吉原のソープでした。すぐに電話して面接に行きました。でも実技指導のとき、お腹に思いっきり妊娠線が残っているのを見られて、それでは雇えないと。従業員の人に『とにかく仕事がしたいんです』と泣きついて紹介されたのが、暗がりで接客するピンサロでした」

面接に行くと即採用。一日一万五〇〇〇円の保証があり、収入はようやく安定した。

「ただね、ソファが並んだ暗い部屋で、チンポをしゃぶるわけじゃないですか。家に帰って、子どもとご飯を食べるとき、絶対におかずはシェアしないようにしました。もし私が病気をもらってきたら、子どもたちに移してしまうかもしれないから」

週に三日ピンサロで働き、月に二五万円ほどの収入を得られるようになったが、それでも借金返済はなかなか進まない。

「もっと稼げる風俗はないかと探して見つけたのが、一日四万円を保証してくれるSMクラブだったんです。場所は鶯谷《うぐいすだに》で。仕事内容より、まずはお金でした」

SMクラブで採用されると一気に風向きが変わった。二十五歳だった。

「一時間二万円のお店でしたけど延長するお客さんが多くて、一日に三、四人の相手をすると、私の取り分が六割で、だいたい一〇万円が入ってきました。最初の月が半月で四〇万円。それからはコンスタントに毎月一〇〇万円は稼げました。おかげで、十カ月で借金を完済することができたんです。店のママがすごくいい人だったんですよ。韓国の人。私に借金があることは初めに話してあったので、いくら稼いでも最初の数カ月は生活に必要なお金以外、一日三〇〇〇円ずつしか渡してくれないんです。残りは全部ちゃんと預かってくれていて、月末になると『これで借金返してきな』と、稼いだ分の何割かを渡してくれる。それで借金を完済するだけじゃなく、貯金もできたんです。仕事はきつかったですけどね。お客さんから『おまえは人間じゃない』と暴言を浴びせられたり、縄が肉にくい込むくらい強く縛られたり、スカトロでも何でもやりました」

一年ほどそのSMクラブで働き、その後、独立して二十年、今日にいたっている。

「私はラッキーだったと思います。いまはコロナもあって厳しいですけど、二〇〇〇年くらいまでは、まだまだ風俗で一発逆転できる時代だったから。それでなんとか借金を返し、ふたりの子を育てながら、現在の生活を手に入れることができました。だから私も、少しでも多くの女のコにチャンスをあげたいんですよ」

ルミがこの店を立ち上げてから、幾人もの女性たちがそうして巣立っていった。

一方で、このコロナ禍の渦に呑み込まれて、まったく身動きが取れなくなってしまった女性もいる。

## 住む場所を失ったSM嬢

ルミの事務所に行くと、いつもかなえという女性がいる。彼女もSMクラブに所属しているというのだが、指名客のために待機しているような雰囲気もなく、ずっとスマートフォンをいじっていた。外出するのはルミに買い物を頼まれたときか、事務所で飼っている犬の散歩をするときぐらいだった。

前から気になっていたこともあり、彼女の外出中を見計らってルミに尋ねてみた。

「数年前から、ほとんどお客さんがつかなくなってね。もともと貯金する習慣もなかったみたいで、お金がなくなってアパートを追い出されたんですよ。だから、ここで面倒見ているの。見捨てるわけにもいかないし」

いつも笑顔を絶やさないルミだが、めずらしく困ったような面持ちで言った。

その話を聞いたとき、私は反射的にある外国人女性のことを思い出した。日本人の夫に横領した一四億円を貢がせた、チリ人のアニータ・アルバラードだ。日本では稀代の悪女、欲にまみれた女というイメージが定着しており、私もそのように思っていた。

二〇一〇年、私はアニータに会いたいと思い、チリを訪ねた。日本での行状は母国でも強烈なインパクトをあたえたようで、現地のテレビにたびたび出演するなど、彼女は有名人だった。当時はちょうど娘のボーイフレンドと喧嘩をしているとかで、それが連日ワイドショーに取り上げられていた。

そのときアニータが暮らしていたのは、サンチアゴ郊外にある五〇坪ほどの一軒家だった。日本人夫に貢がせた大金で購入した豪邸は、返金を求める横領元の青森県住宅供給公社との裁判に負けて差し押さえられ、手放したあとだった。

彼女の自宅でインタビューをしていると、家の中にもうひとり同年代の女性がいることに気づいた。冷蔵庫を開けて飲み物を飲んだり、ソファに腰を沈めてくつろいでいる。てっきりアニータの友人か何かだろうと思っていた。しかし、アニータに女性との関係について尋ねると思わぬ答えが返ってきた。

「ちょっと前にレストランで食事をしたとき、彼女と子どもが路上で物乞いをしているのを見かけたの。かわいそうだから、うちに来たらって言ったのよ」

女性とその子どもはウルグアイ人。アニータは何の面識もないふたりを自分の家に住まわせているのだった。「人がいっぱいいたほうが楽しいから好き」と笑っている。

チリ人は面倒見がよいのが気質だそうだが、それにしても、困った人を見捨てておけないアニータのやさしい一面は意外で、同時に心あたたまるものがあった。


ルミのもとで暮らしているこの女性は、アニータの家のウルグアイ人親子のような気やすいようすこそなかったが、衣食住には不自由することなく日々を送っている。理屈ではなく、目の前で困っている人間を無碍《むげ》にはできない――ルミとアニータの心の底には、そんな人に対するあたたかさがあった。

シングルマザーだったふたりには、貧困から抜け出すために体を売って今日の生活をつかみとってきたという共通点がある。苦労を重ねただけに、同じように苦しい思いをしている人物を見過ごすことができなかったのかもしれない。

ルミの事務所の壁には所属している女性にどれだけ客がついたかを集計した表が貼られていて、そこには十人の名前が並んでいた。客がつくとひとつずつ印が上に向かって記されていくのだが、かなえの欄だけはいつ見ても空白だった。コロナ前には、それでも月にひとりかふたりの指名客はついたのだが、二〇二〇年の春以降、かなえにはひとりの客もつかなくなったまま現在にいたっている。

いったい彼女に何があったのか。

どんな人生を歩んで、なぜこの場所へと流れ着いたのだろうか。

「実家は岩手県の兼業農家でした。土地も家もありましたし、男兄弟がなくて、私は長女だったので、幼いときから家を継ぐものだとずっと思っていましたね」

現在四十五歳だというかなえは、今日も仕事に出る予定がないからか、すっぴんのままで事務所にいた。その声は覇気がなく、間を置きながら、つぶやくように発せられた。

理由は後述するが、彼女が継ぐはずだった財産を受け取れる可能性もいまやほとんどなくなってしまった。唯一の私財といえば、いつも手に握りしめている画面に大きく亀裂の走ったスマホだけ。

ルミの経営するデリヘルで二十年ほど働いてきたが、年を重ねるごとに客は減り、新型コロナウイルスの影響、さらには病気をしたこともあって、完全に生活が立ちゆかなくなってしまった。

かなえが風俗嬢になったのも、きっかけはルミと同じく借金だった。初めて付き合った男の借金を肩代わりしたのだ。高校卒業後、自動車部品の製造工場で働いていたときに知り合ったという。

「働きはじめて二年ぐらい、成人式のあとだったと思います。親しくもない同級生からいきなり電話がかかってきたんです。紹介したい男性がいるって。それまで一度も男性と付き合ったことがなかったので、嬉しくて、すこし舞い上がっていたのかもしれません。紹介してもらって、その人と付き合いだしたんです」

すぐに深い仲となり、かなえは結婚も意識するようになった。付き合いはじめて二カ月が過ぎたころ、車の中で男に打ち明けられた。

「借金があって困っているんだ。すこしでもいい、助けてくれないか。借金がなくなったら結婚しよう」

男から「結婚しよう」と言われ、かなえは夢心地だったという。ふたつ返事で借金返済に協力すると伝えた。そうは言ったものの、蓄えなどない。実家暮らしだったから、生活費はほとんどかからなかったが、男と知り合ってからのデートでかかったホテル代や飲食費などは全部彼女が払っていたので、多少はあった貯金もそれですべて使い果たしていた。

頼ったのは、当時高い利率で貸し付けをおこない、多くの多重債務者を生み出して社会問題になっていた武富士やアコムといった消費者金融だった。借りることができたのは一〇〇万円ほど。しかし、それだけでは足りず、次に彼女が利用したのはいわゆる闇金だった。利率は十日で三割、俗にいう十三《とさん》で、とんでもない利子がついてくる。仮に一〇万円借りると、利息だけで月に九万円になる。

工場で働くかなえの給料は、そのころ手取りで一五万円。すぐに利子すらもまともに返せなくなった。気がつけば、消費者金融と闇金の総債務額は三〇〇万円。借金は雪だるま式にどんどん膨れ上がっていった。

闇金の取り立ては容赦がなかった。携帯にかかってきた電話を無視していると、

「職場に督促の電話をかけてきたんです。それで私はクビになってしまいました」

闇金業者にしてみれば、元金は減らさず利子だけを返済させつづけるのがいちばん儲かる。しかし、勤務先にまで電話をかけるというのはどうなのか。債務者が仕事を失ってしまえば、金づるを断ち切ってしまう可能性も生じる。あるいは、精神的に追い詰めることで親や親族に泣きついてでも支払わせようという肚《はら》だったのか。

借金を抱えたまま仕事を失ったかなえは、彼氏に相談した。そこで言われたのは思いもしないことだった。

「喫茶店に入るお金もなかったので、車の中で話したんです。そうしたら、『テレクラで体を売れば』と言われて。売春なんて考えてもいませんでしたけど、ここまで後がなくなったら仕方ないのかなと……。それで、テレクラで相手を探すようになったんです」

しかし初心者のかなえには、テレクラといえども毎日客が釣れるわけではない。借金は減るどころか増える一方だった。

おそらくその男は、かなえに電話をかけてきた元同級生とグルだったのだろう。はなから借金など存在せず、彼女から金を巻き上げるためだけに近づいたのではないか。

しかし、結婚という甘言に我を失っていたかなえは、つゆほども疑いの念を抱かなかったという。テレクラでも埒《らち》があかず、焦ったかなえに向かって男は言った。

「ここより、客が多い東京の風俗で働けばいいんじゃない」

その言葉に、かなえは反論もせず従った。口約束だったにせよ、婚約者である相手の気持ちに応えたい、そう思ったのだ。男と付き合って五年近くが過ぎ、二十五歳になっていたかなえは風俗で働くため、ひとり東京へと向かった。

当時、膨らみつづける借金は七〇〇万円を超え、とうとう実家へ借金取りが押し寄せた。四十年以上勤めていた会社を退職したばかりの父親が、そのすべてを退職金で肩代わりした。

「おまえのせいで退職金もほとんどなくなった。もう二度と家の敷居はまたがせない。勘当だ」

借金は消えたものの、家族から縁を切られ、帰る故郷を失った。

東京ではデリヘルで働きはじめた。もう借金はないのだから他の仕事に変えてもいいはずだったが、男が相変わらず金を無心してくる。だから、彼女はデリヘル嬢を続けながら、言われるまま岩手の「婚約者」に送金しつづけた。だから、つねに金はなかった。

一方で彼女自身、手元に金があると見境なく使ってしまう性格だった。

「昔から貯金をしたことがないんです。お酒を飲んだり、美味しいものを食べたり、自分でも歯止めが利かなくて。小学生のときからそうで、お金が欲しくなると親の財布から盗んでいました。バレて、父親から殴られても、またお金が欲しくなるとやってしまうんです」

デリヘルで働きはじめた当時はまだ二十代半ばで上客もついた。男に金を送っても、散財してもなんとかなった。働いてさえいれば生活は回った。

ところが、年齢とともに客は減り、収入も年々減っていく。それでも、羽振りがよかった二十代の生活習慣を変えようとはしなかった。いつしか家賃を滞納するようになり、ついには退去を迫られた。見かねたルミが彼女を事務所内に住まわせた、というわけだ。

「この業界、借金をして入ってくるコは多いんですけど、二、三年で返済を終えて辞めていくコが大半です。彼女はチャンスはあったのに、ずるずると居座ってしまった。それは、彼女がいけないんです。事務所でも就業中に酒を飲んで電話に出なかったりと、満足に仕事ができません。このままじゃまずいと思って、一度ご実家に電話したんですよ。そうしたら、

『もう縁を切ったから』と相手にしてもらえなかった」

ルミの好意でいまはなんとか生活ができているが、かなえ自身はこの先、どうするつもりなのだろうか。

「人生をやり直せるなら、私を狂わせた男に出会う前の二十歳のころに戻りたいですね。あの男にさえ会っていなければ、こんな人生にはならなかったと思うんです」

過去を語るときだけ、彼女の目はいきいきとしていた。

## コロナのおかげで見つかった初のパート仕事

かなえのほかの所属デリヘル嬢たちは、これまで、そして現在のコロナ禍において、どのような生活を強いられているのだろうか。ルミの仲立ちで、数人に話を聞いた。

まずは都内某所の喫茶店で、渚《なぎさ》（五十二歳）と待ち合わせた。一見すると、近所のスーパーでレジでも打っていそうな平凡なたたずまいで、風俗で働いているようには見えない。

「見知らぬ男の体を舐《な》めたりするのは、最初ものすごい抵抗がありました。それでもお金が必要だったから、風俗で働くことにしたんです」

私たちのテーブルからひとつ置いた席についている老夫婦を気にして、彼女は小声で言った。どこか庶民的な雰囲気がただよう彼女だが、かつてアダルトビデオにも出ていたことがあり、根強いファンがいるそうで、鶯谷を歩いているとき「○○さんですよね?」と声をかけられたこともあるという。風俗やAVの世界で、かれこれ二十年以上働いてきた。

そもそも風俗に入るきっかけは何だったのだろうか。

「関西の出身で、専門学校に入るために東京に出てきたんです。在学中に子どもができてしまって、中退して結婚したんですが、うまくいかず離婚しました。それから、パチンコ店で働いたり保険のセールスレディーをしていましたが、ひとりで子育てしているうちに借金が重なっていって、ついに身動きが取れなくなってしまって……」

ひと足先に風俗業に身を投じた知人がいたこともあり、渚は心を決めた。

「子どもは実家に預けて、デリヘルで働くことにしたんです。九〇年代後半はまだ景気がよかったから、両親に子どもの養育費と生活費、実家の住宅ローンを渡しても、まだ手元にお金が残って、自分の趣味に使うこともできました。気前のいいお客さんもいて、引っ越しするときに一〇〇万円を援助してくれたり。マンションを買ってもらうコもいたし、三カ月で一〇〇〇万円貯めて辞めていくコがいたり、風俗で夢が見られる時代でしたね」

どんどん入ってくる多額な現金の魅力の前に、当初感じた抵抗感もいつしか消え、風俗から離れられなくなっていた。

「稼げる額がちがいましたから。それと時間が自由に決められるのがいい点です。けっこうなお金を使っても、また明日稼げばいいしという感覚になって、辞められなくなりました。

それと、もともと音楽が好きで、とある音楽家の追っかけをずっとやっているんですけど、おかげでベルリンやフランスの公演にも行くことができました。好きに休めるのも風俗の魅力でしょうね」

養育費や実家のローンを仕送りするため、また自分の時間を謳歌するためにも、風俗での仕事は欠かせないものだった。そんな生活を続けて十年が過ぎたころ、彼女は立て続けに病に見舞われた。

「風俗嬢のあいだで『風俗病院』と呼ばれる、性病の検査を気兼ねなく受けられる病院があるんですが、そこに行ったとき、お医者さんから『子宮頸《けい》がんもそろそろ検査したほうがいいわよ』と言われて。やってみたら子宮頸がんがステージ0《ゼロ》の段階で見つかったんです。その手術をする際、血液検査をしたらこんどは糖尿病が発覚しました。そのうえ腎不全にもなって、一度は余命宣告も受けました」

それだけの病気にかかれば、医療費も馬鹿にならないはずだ。

「貯金はほとんどなかったので、区の福祉事務所に事情を説明して医療費の相談をしたんです。そうしたら一割負担にしてくれて。それでなんとか払うことができました」

子宮頸がんは、不特定多数の男性を相手にする風俗嬢には少なくない病気だ。また、そのほかの数々の病も、それまでの不摂生な生活習慣によるものだった。

病気を乗り越えた後、風俗から離れるという考えはなかったのだろうか。

「いつまでも続けられる仕事ではないことはわかっていたんです。収入も年々減っていましたしね。普通の生活への憧れはいつでも持っていました。風俗の仕事をしているなんて誰にも言えないですし、胸を張ってOLやっていますと言いたかったですよね」

結局、断ち切ることができぬまま、その後も風俗で働きつづけた。そして、新型コロナウイルスのパンデミックが降りかかってきた。

「二〇二〇年に開催予定だった東京オリンピックまでにはこの仕事を辞めようという気になっていたんです。やっぱり、大きなイベントのときには取り締まりがありますし、私ももういい歳ですしね。ところが、オリンピックが翌年に延期になると決まったころ、コロナの流行で風俗の業界も大変な状態になってしまって。二〇二〇年の三月と四月はお客さんがゼロでした。さすがにこれは潮時かなと思いました。病気をして区にお世話になってから、福祉事務所の職員さんが定期的に家まで顔を見にきてくれてたんですが、もちろん風俗の仕事をしているなんて言えません。いったいどうやって生きているのか不思議だったでしょうね。『仕事を紹介するから』といつも言ってくれていて、そのおかげで初めてパートの仕事を見つけることができました」

細々とデリヘルの仕事は続けているが、じつに二十年ぶりの普通の仕事だった。

現在、渚は五万四〇〇〇円のアパートにひとりで暮らし、貯金はゼロだという。五十二歳。今後はできることなら風俗と縁を切り、パート一本で生活していきたいという。風俗から離れた生活をいつまで続けられるのか。二十年以上も体に染みついた生活から抜け出すことができるのか。不安はあるけれど、と小さな声で付け加えた。

「メイクなしのすっぴんで仕事に行くこともありますし、新鮮な感覚でいいですね」

くしくもコロナ禍に得たあらたな生活。彼女の口ぶりはどことなく弾んでいた。

## 「数学の天才」がデリヘル嬢になったわけ

「人生初めての挫折は、東大の受験に失敗したことですね。絶対に受かると思っていたからものすごいショックで、ほんとに打ちのめされました」

落ち着いた口調でこちらをしっかりと見て話す彼女の瞳は、明るい緑色をしていた。カラコンを入れているのだという。ほっそりとした長身。名前は珠理《じゅり》。今年三十二歳になる。

これまで数多《あまた》の風俗嬢に話を聞いてきたが、東大という単語を耳にしたことは勿論、大学に落ちたのがいちばんの挫折だと話す女性に出会ったのは初めてだった。

珠理の言葉の端々に、勉強に関しての自信があふれていた。

「自分のことを天才だとずっと思っていました。小学校でやる算数は、幼稚園の年長のときにはわかっていたし、勉強というより遊びみたいな感じでしたね。一度数字を見ると、掛け算でも割り算でも、すぐに頭に入ってくるんです。小学校高学年のときには、新聞に載っていたセンター試験の問題を解いていました。全問正解とはいきませんでしたけど、八割くらいは合ってましたね」

文系畑のど真ん中を歩いてきた私からすると、彼女の話は驚きの連続だった。両親からスパルタ教育を施されたわけではなく、自然と数学の才能は身についていたらしい。天からあたえられた才能。聞いているかぎり、天才という言葉もしっくりくる。

しかし、いくら頭脳明晰でも日本の義務教育では飛び級での進学はできない。珠理にとって、小学校一年生で学校の勉強が勉強でなくなってしまったことが、ある意味では悲劇のはじまりだったといえる。

「勉強は簡単すぎるし、馬鹿らしくなって、学校は全然面白くなかったですね。友達もひとりもできなくて。一年生のころはまだ学校に通っていたんですけど、しだいに行かなくなりました。友達ができなかったのは、まわりの空気を読むことができないアスペルガー症候群も影響していると思います。ついつい自分の世界に入ってしまって、まわりが見えなくなるんです。それと、勉強はできるんですけど、工作とか体育なんかはまったくダメでした」

両親は彼女が三歳のころに離婚し、珠理は母親と祖母に育てられた。日中、学校に行かなくなった珠理の面倒を見てくれていたのは祖母だった。

「父親に初めて会ったのは、二十歳のときでした。化学の研究者として有名な人でしたけど、私たちを捨てた人という印象しか持てなかった。そのせいか、男性に対する嫌悪感というんでしょうか、それがいまもどこかにあります」

中学、高校と完全な不登校。独学で高卒認定を取り、受験したのが東大だった。

「現役のときは絶対に受かると思っていたので、東大しか受けませんでした。数学は簡単でしたけど現代文と英語がダメで、一浪したのち合格したのが上智でした」

上智大学で弁護士をめざそうと考えたが、たとえ司法試験に合格しても一年の修習生期間とテストをクリアしたのち、既存の弁護士事務所で数年間の研鑽を積んでようやく開業するのが一般的だと知り、あきらめた。翌年、東京理科大に入りなおしたが、そこでは偏屈な教授に嫌気がさして二年次に中退した。

「我慢してまで、人に合わせることができないんです。だから、大学は辞めてしまいましたけど、社会とは何らかの接点を持っておきたかった。友達ができないのがずっとコンプレックスだったんですけど、あるとき女の子ばかりが集まるバーに行ってみたら、語りあえる友達ができたんです。そこから少しずつ交友関係が広がって、いろいろとお金も必要になってきました。何か仕事をしなければと思ったとき、興味を引かれたのが風俗の仕事でした。初体験は一応、大学生のときに済ませていました。心の中では男性を受け入れたくないのに、やってみたらセックスって気持ちいいなって感じて。それでデリヘルで働くことに決めました」

デリヘルの仕事を続けるなかで性への興味は満たされ、金銭的にも精神的にも安定した。

「新宿二丁目のレズビアンバーに行ったり好きな洋服を買ったりしたら、お金はほとんど余らなかったですけど、小学校から高校までずっと味わってきた孤独感に苛《さいな》まれることは、おかげでもうなくなりました」

一方で、男への不信感については、いつまでも拭えなかったという。

「男の人って、身だしなみとか気にしなくても、お金さえあれば何でもできると思っている人が多いんだなと感じました。お客さんから、付き合ってくれとしつこく要求されることも何度かありましたけど、恋愛の対象にはまったくなりませんでしたね」

デリヘルで働いて八年目となる二〇二〇年、新型コロナウイルスの流行によって風俗業界も少なからぬ影響を受け、珠理の収入は激減した。また、それとは別の事情で生活環境にも変化があり、彼女は決断を下した。

「まだ続けたいとは思っていたんですけど、仕事を辞めた母親と実家で同居することになって、風俗の仕事をしているとも言えないので、デリヘルは辞めて昼間のアルバイトをするようになったんです」

現在は、配送センターで週に四日ほど働いている。月の手取りは一〇万円ほどだ。それに母親の年金を合わせて、暮らしているという。

学校にも社会にも馴染めなかった珠理は、デリヘルの仕事に出合えたことにとても感謝していると言った。

「デリヘルが私のことを救ってくれましたね。そこでいろんな人に出会って、人生経験を積めたから、いまも昼間の仕事ができているんだと思っています」

勉学は彼女を救えなかったが、風俗は救ってくれたのだった。

## 金魚を食べる困窮生活からキャバクラ、ソープ、AVへ

「中学時代に両親が別居してから急に生活が苦しくなって、かなりの貧乏でした。冷蔵庫は空っぽなのが当たり前で、いつもお腹が空いてたまらなかったですね。満腹という感覚を忘れていました、あのころは」

都内のとある駅で待ち合わせをした侑子《ゆうこ》（四十歳）は、Tシャツにジーパンというラフな恰好をしていたが、年齢以上の若々しさがあった。ルミの紹介ではあったが、彼女はデブ専ではなく一般的なデリヘルで働いていた。

最初の緊急事態宣言が解除されてから一カ月すこしが経った二〇二〇年七月。侑子の案内で近くにあるファミレスに向かった。ほかの客から少し離れた場所にある四人掛けの席につく。まず話してくれたのは、経済的に貧しい生活を強いられた少女時代の思い出だった。

「夏祭りで友達が金魚すくいをしたんです。お金がないから、私はただ眺めているだけ。前の日から何も食べてなくて、金魚が食べ物にしか見えませんでした。手づかみで取りたい気

分でしたけど、なんとか我慢して。友達が金魚をすくうと、それをすぐにもらってひとけのないところに行って、ライターで炙《あぶ》りました。ついてきた友達は私がしていることの意味がわからなくて呆然としてましたけど、そんなこと気にしていられません。ヒレが少し焦げた金魚を口に入れて噛んだんですけど、ものすごい生臭さで。飲み込もうとしたんですけど、我慢できずに吐き出しました」

これまで五十年近く生きてきたが、金魚を食おうとしたという話は初めてだった。バブル景気は終わったとはいえ、まだ社会にゆとりのあった一九九五年前後の話だ。彼女は私より九つ年下だが、ほぼ同じ時代の空気を吸っていたといってもいいだろう。そんな極限の状態にまで追い込まれた理由は何だったのだろうか。

貧乏生活を強いられる以前、つまり両親が離婚するまで、侑子は何不自由ない生活を送っていた。むしろ裕福だったという。

「父親は宝石商をやっていました。何でも欲しいものはすぐに買ってくれましたね。三つ年上の姉はシルバニアファミリーだとか、ファミコンソフトの新作が出るたびに買ってもらっていました。母親は、父親と暮らしていたころはスーパーやデパートに行っても、値札を見て物を買ったことがないと言っていました。食卓には毎日刺身が出てましたね。経済的には裕福な思いをさせてくれた父親ですが、箸の持ち方だとか、父親に向き合って座るときには正座だとか、しつけにはすごく厳しくて、怖かった記憶しかありません」

何不自由ない生活に暗雲が立ち込めはじめた原因は、父親の浮気だった。愛人をつくり、その間に子どもまでいたという。侑子が小学校高学年になるころには、家にも帰ってこなくなった。家族を顧みない夫の行状に、母親の堪忍袋の緒が切れた。

「出張だと言って家を空けることが多くなったんです。ずっと帰ってこないから怪しいと思ったんでしょうね。母親が調べたんだと思いますけど、父親が二重生活をしていることがわかったんです。それで、中学生のとき母親と姉の三人で、夜逃げ同然で家を出ました。それからアパート暮らしがはじまり、一気に貧乏生活になったんです。母親は、別居するまで仕事なんてしたことがなかったですし、右から左に後先考えずにお金を使っちゃう人でしたから、たいへんでした。自分で稼がないと食べていけないのはわかっているから、パートに出たのはいいんですけど、給料が出るとすぐパチンコなんかに使ってしまって、家にまったくお金を入れないんですよ」

母親がまるで頼りにならず、このままでは死んでしまうと思った彼女は、もう自分で稼ぐしかなかった。初めて働いたのは、中学の同級生の母親が経営しているスナックだった。

「十五歳でしたね。ヤンキーグループの仲間のお母さんの店だから、ウエルカムでした。私も大人びていたので、中学生には見えなかったと思います。時給は一〇〇〇円、中学三年生にはすごく大きな金額でした。水商売に入ったのはそれがきっかけです。母親からは『高校に行かせる金はない』と言われていたけど、みんなが行くんだから私も行きたいと思って、高校と専門学校の学費は全部、自分の稼ぎで払いましたよ」

三つ年上の姉はその当時何をしていたのだろう。聞くと、母親に劣らず姉も破天荒なんですよ、と侑子は言った。

「まだ父親と生活していたころですけど、家の金庫に父親が保管していた宝石を勝手に持ち出して、なくしたりしていましたからね」

スナックの次は、キャバクラで稼ぐようになった。十八歳だった。時給は三〇〇〇円。高校に通いながら週に三日、働いた。ショータイムにはニップレスとパンティーだけの姿で踊った。しかも、その店のキッチンでは母親が調理のアルバイトをしていたという。

「私がキャバクラで働いているのを知って、仕事を探していた母親が口をきいてくれと言ってきて、キッチンで働くことになったんですよ。あるとき、お客さんに体を触られて私が嫌そうな顔をしているところを見ていたようで、店が終わってもまだ落ち込んでいる私に帰り道、こう言うんですよ。『女は触られてなんぼだから。触られなくなったらおしまいよ』。とにかくぶっ飛んだ人なんです」

キャバクラの次に彼女が飛び込んだのは、風俗とAVの世界だった。キャバクラから風俗へのジョブチェンジに際しては、とくだん大きな壁は感じなかったという。なにより、稼げる金額にまず目がいった。

「十八歳からずっと働いていたキャバクラが潰れてしまったんです。どこか探さなきゃと思ったときに目についたのが、給料のいいソープランドでした。すぐに電話して働いてみたけど、私にはあんまり向いてないと思ったので半年で辞めました。お客さんを迎えるときに正座したりとかね、なんかガチガチで堅苦しくて。もっとエッチを楽しめばいいじゃん、と思いましたよ」

ソープランドを辞めた後、デリヘルなどを経てAVに出演した。

「アダルトビデオの仕事はすごい興味がありました。根っからのMなので、緊縛とかやられてみたかったんです。四年間で二五〇本くらいに出演しましたけど、嫌な経験はなかったですね。むしろ楽しかったです。山奥の廃墟や新宿の路上で撮影したこともありました」

「ギャラはどれくらいだったんですか」

「最初は事務所に入っていたんで一本一〇万円ほどだったんですけど、一年でフリーになって、それからは一本六〇万円ぐらい。すごい稼がせてもらいました」

「お母さんは、風俗やAVのことは知ってたんですか」

「知ってましたね。私のツイッターを見ていたようだから。そのころ代々木に借りた一軒家に母親も呼んで一緒に住んでいて、いろいろと面倒も見ていましたし、娘が体を使って稼いでくることには何の抵抗もなかったと思いますよ。どんどんやれと思っていたんじゃないですか」

# コロナに阻まれた風俗復帰

十代から水商売、風俗、AV出演と性に関わる業界で生きてきた彼女だったが、三十四歳のとき、そこから離れるきっかけが訪れた。

「元カレと体だけの関係がずっと続いていたんですが、妊娠したんです。それでAVを引退しました。相手には妊娠したことは告げず、ひとりで産んで育てることにしたんです」

子どもとふたりで生きていくことを決心した侑子はいま、介護の仕事をしながら保育園に通う五歳の娘と暮らしている。シングルマザーとして生きることに不安はないのだろうか。

「旦那がいないほうが気が楽ですよ。娘のことだけ考えていればいいですからね」

保育園での人間関係では、もちろん過去のことは隠している。

「保育園や幼稚園って、嫌なママがいるイメージだったんですけど、娘の保育園では他人の生活を気にするような人はいないですね。みんな、自分のことで精一杯な感じです」

介護の職場でも、過去を詮索されたりすることはないという。

「うちの職場は刑務所帰りの人もいたりするそうなんで、誰も過去のことを聞いたりはしません。介護しているお爺さんをお風呂に入れているとき、『あんたAV女優みたいだね』と言われて、一度だけドキッとしたことがあったぐらいです」

しかし、成長していく娘と向き合う日々のなかで、将来に経済的な不安を感じ、侑子は二〇二〇年初頭、約六年ぶりに風俗にも復帰した。

「これから小学校に上がれば、塾に行ったりお金がかかるじゃないですか。将来の学費なんかが心配で。そのためにお金を貯めておこうと思って、週に一日ぐらいだけ風俗をやりはじめたんですよ」

前向きな気持ちで風俗と関わろうとしたそんな矢先、コロナの流行で三月には仕事にならなくなり、店を辞めざるを得なくなった。風俗での稼ぎを貯金する計画がいきなり頓挫してしまったわけだが、侑子の表情に暗い翳《かげ》は少しも見当たらなかった。

「介護の仕事は給料一〇万円です。普通の人からしたらとんでもなく少ない額だと思います。母子家庭の手当てが別に七万円入りますけど、それでも二〇万円になりません。だけど、中学のころに一度どん底を見ているんで、貧乏には慣れてるんですよ。もちろん娘の父親からの援助もないです。とにかく、あんまり考えすぎないようにしています。自分が健康でいないと娘の面倒を見られなくなってしまいますから。なんとかなると思って、やっています」

いつかコロナが収まれば、また風俗に復帰するつもりだという。七十歳になった母親は年金をもらっているが、以前と変わらず右から左へと使ってしまい、まったく当てにはならない。愛娘の歩む人生は、ひとり彼女の背中に重くのしかかっている。夜店の金魚を食べようとした極貧の日々を乗り越えてきた侑子は、娘にはそんな思いをさせたくないと言った。

いざとなれば、いつでも女を武器に生き抜いてやる。そんな芯の強さが彼女をいまも若く、快活に見せているのかもしれない。

## ルミの恩人が語るカネの力

デブ専SMクラブを経営しているルミの恩人で、彼女がどん底の暮らしから抜け出すきっかけとなったというデリヘル経営者には、個人的にずっと興味を抱いていた。ルミがいまも感謝の念を持ちつづけているその人物は、コロナ禍にあっても変わらずデリヘルの経営を続けているらしい。なんでも、熟女を通り越した老齢の女性ばかりを集めている店だそうだ。ますます気になる。ルミを通じて取材を申し込むと、話を聞かせてもらえることになった。すこしずつ春の兆しが見えはじめた二〇二一年三月のことだ。

私が向かったのは、彼女がデリヘルの事務所を構えている鶯谷だった。JR鶯谷駅の北口改札を出て、待ち合わせ場所のマクドナルドへ歩いていると、路地の奥にあるラブホテル群へと向かうマスク姿のカップルの姿が目についた。緊急事態宣言が発令されているとはいえ、人の情動まで抑えることはできない。

マクドナルドの入口横には、黒いロングコートを身にまとった高齢の女性が立っていた。スマホで誰かと話している。漏れ聞こえてきた言葉は韓国語だった。

通話が終わるのを待って、私は声をかけ名を名乗った。

「こんにちは、優子です。わざわざすみませんね」

少し韓国訛《なま》りはあるが、流暢《りゅうちょう》な日本語だ。見ための印象では六十代後半くらいだろうか。

「話すのにちょうどいい喫茶店があるから、そこでいいかい」

行きつけの店に向かう道すがら、優子が問わず語りに教えてくれた。

「去年までこの通りには、吉原へ行くお客さんを乗せる車がずらっと並んで、人もたくさん歩いていたけど、もう全然だよ。コロナの影響でいまはどん底だよな」

はきはきとした口調だが、コロナ前後で変わった駅前の景色に落胆ともさびしさともつかない思いを感じているようだった。

数分で着いた喫茶店は、閑散としていた表通りとは裏腹にほとんどの席が埋まっていた。

なんとかテーブル席を確保し、優子と向かい合った。席についたとたん、彼女のスマホから立て続けに着信音が鳴り響いた。きびきびと短い言葉を重ねて応対し、「すみませんね」と小さく笑った。女性からのサービス終了の報告、そして客からの予約の問い合わせだという。これはもしかして、コロナの影響をそれほど受けていないのではないか。

「いやー、なに言ってんのよ。私は弱音を吐かない人間だけど、ここまで苦しいことはいままでなかったよ。だいたい、売り上げはコロナ前とくらべたら半分だからね」

優子のように経験豊富なやり手経営者でも、やはりそうなのか。

「具体的にはどのくらい落ちたんですか」

「コロナ前は月に一〇〇万円ぐらい稼げていたけどさ、その半分だよ。それでもさ、いまは借金もないし、子どもも独り立ちしたから、もうお金を残すことは考えなくてもいい。自分の生活費のことだけだから、気楽なもんだけどな」

優子は、三十年前から鶯谷でデリヘルを経営していると言った。

インタビューの最中、自身のスマホに入っている写真をとつぜん私に見せてくれた。どこかの異国の建物の前で、優子がこちらを向いて立っている写真だった。聞けば、東アフリカのルワンダへ「ムランビ虐殺記念館」を訪ねたときのものだという。

一九九四年に起きたルワンダの大虐殺は、フツ族とツチ族の民族対立に端を発し、一〇〇万人以上のツチ族と一部のフツ族が犠牲になったと言われている。

もともとは区別されていなかったフツ族とツチ族だが、ドイツやベルギーによる植民地政策で別の民族に分けられた。民族対立を利用した宗主国の間接統治。植民地時代に刻まれた民族の相克は独立後にまで尾を引き、人口増加などの要因で耕地は不足、両者の対立は抜き差しならないところにまで達し、フツ族系の政府と過激派による民族大虐殺という悲劇が起きてしまった。

かつての日本統治によっていまだに分断されている祖国のことを思いながら、彼女はルワンダを訪れたのだろうか。コロナ禍の逆風にさらされている風俗経営者に根掘り葉掘り話を聞くということ自体、取材とはいえ気を遣うものだが、ふいに、それ以上の重い問いかけを受けたような気がして、すぐには言葉が出てこなかった。

スマホを傾けて写真を示したまま、彼女は私の目を見つめて口を開いた。

「世界中を見てまわったよ。南米も行ったし、もちろんヨーロッパやアメリカも。ルワンダの虐殺記念館はオープンしてすぐに行ったんだ。アフリカに行ってさ、気がついたことがあるんだよ。何だかわかる？」

しばし考えていると、私が口を開く前に彼女が言った。

「あの記念館を見てさ、人間には権力と金が必要だと思ったよ。金があるものにはみんな頭を下げるだろう。貧しくなったからあんな争いが起きたんだよ」

世の中を鷲づかみにするような、豪快な意見だった。近代化が遅れ、日本の植民地となった祖国の歴史を私に聞かせているようにも思えた。

「ケニアにも行ったんだけどさ、やっぱり植民地支配っていうのはよくないよ。白人が線路を敷いたり、街を造成したんだけど、実際に働いていたのはみんな田舎から出てきた人たち。白人がいなくなったら仕事もなくなって、都市にスラムができていってさ。だけど、一部の人はうまくやって金持ちになった。ナイロビの繁華街にはベンツやBMWがずらっと並んでて、日本より凄いくらいよ。貧富の差だね。金を持ってる奴が強いんだよ。日本はいままでみんな中流でやってきたけど、これからはひどい時代が来るんじゃないかな。アフリカでは日本の企業なんて目につかなかった。いるのは、みんな中国の会社だよ。日本はいったいどこ行ったんだ、と思ったな」

祖国の歴史を重ね合わせるかのように世界を見てきた女性が、色街鶯谷の住人としていまを生きている。そのギャップにあてられ、私はますます彼女がどんな人生を歩んできたのかが気になった。

## 裏カジノの借金返済のため

「五十年前、二十代で日本に来たんだよ。いまじゃ見る影もないけど、あのころはピチピチの美人だったんだ」

彼女は同じくスマホに入っていた若かりし時分の写真を見せてくれた。たしかにすらりとしたモデルのような体型で、こんなことを言っては失礼だが、目の前に座っている姿からは想像もできない容姿端麗な女性だった。

「韓国で大学を出てね、東北大学へ留学にきたんだよ」

「その時代にめずらしいですね。ご両親は日本に悪い感情を持っていなかったんですか」

「父親は日本の統治時代に陸軍士官学校を出て、日本語の本しか読んでいなかったから。母親も九十八歳で亡くなるまでそうだった。韓国では表だって言えないけど、とくに統治時代に生きていた人はみんな日本のことは嫌いじゃないよ。留学も父親が薦めてくれたんだ」

「すぐ仙台へ行って大学に通ったんですか」

「いや、ところがそうはならなかったのよ。父親の後輩で貿易会社をやっている人が私のことを面倒見てくれることになっていたんだけど、東京に着いた夜に、私を赤坂の韓国人クラブへ連れていくんだよ。その場で、クラブのオーナーから一日二万円で働いてもらえないかと言われて。で、金に目が眩《くら》んで働きだしたの。だって、あのころの二万円っていったら韓国で一流企業に勤めるサラリーマンの月収とほぼ同じだよ」

当時、その韓国人クラブで働いていたホステスは彼女よりひとまわり以上も歳上の在日韓国人ばかりで、韓国から来た女性はいなかったこともあり、優子は毎晩引っ張りダコの人気だったという。

「みんなチマチョゴリとか着て接客してたけど、若い韓国人の女性は私しかいなかったから、モテて仕方なかった。昼間は父親の後輩が経営する貿易会社で事務の仕事をして、夜はクラブで働いてね。一年続けて貯めたお金で韓国に家を建ててさ、これでもう帰国しようかというときに、別れた日本人の元夫にひと目惚れされてね。結婚したんだよ。それでずるずるといままで日本にいるの」

「元夫の方は、お仕事は何をされていたんですか」

「商社マン。本当に忙しくて、ほとんど家にいなかった。世界じゅう飛びまわっていたのよ。私も夫についていって一年ぐらいスペインで暮らしたんだけど、やっぱり日本がいいって私だけひとりで戻ってきたの。専業主婦として静かにしていればよかったんだけど、そんな性格じゃないから。日本で最初に水商売でおいしい思いをしてたから、夫が東京に建てた家を担保に銀行から金を借りて、錦糸町でこっそり韓国人クラブをはじめたんだよ。私も若かったしね。すごく儲かった。すぐに五軒に増やしてね。羽振りがよかったから、こんどはヤクザが寄ってきたんだよ」

ヤクザが薦めてきたのは裏カジノだった。

「すごい儲かるっていうからさ、大借金をして上野にあったカジノを買ったんだ。昭和四一年(一九六六年)ぐらいだったかな。ところがさ、名義を一カ月一〇〇万円で貸して営業をはじめたんだけど、貸していた奴が勝手に店を売って逃げちゃった。それで五〇〇〇万円の借金だけが残って、運が悪いことに税務署にも入られた。ヤクザの借金なんてのはたいしたことないんだけど、国から請求される税金は怖いね。どこまでも追っかけてきて、命を渡さなきゃ終わらないからね。しばらくして、キューバに単身赴任していた夫が帰国したとき、もう隠せるもんじゃないから全部正直に話した。夫は離婚したくなかったから、家を売って借金を払おうって言うわけ。そのかわり、次の海外赴任先には一緒にきなさいと言われたけど、私は日本にいたかったから断ったんだ。それなら離婚だとなって、ひとり息子の親権をどっちが持つかでずいぶん揉《も》めたね」

「結果的にどちらが引き取ったんですか」

「夫は、借金まみれの私みたいな人間に子どもを預けられないと言ったけど、私は包丁を持ってきて、もし親権を渡さないなら、子どもを刺して、生きたままではあなたに渡さないと言った。夫に包丁を向けながら、つべこべ言わないで親権のところに私の名前を書きなさいと言ったよ。そうしたら観念したね」

優子を恩人と慕うルミは六〇〇万の借金を背負ってシングルマザーとなったが、優子はその十倍近い額の借金を背負って、小さな子どもとふたり異郷の地で生きていく決心をした。なんとも図太いというか、怖いもの知らずというべきか、たくましいことこの上ない。

「家まで建てた韓国に、子どもと帰ろうとは思わなかったんですか」

「まったく思わなかったね。日本国籍を取ったし、子どもは日本で生まれたんだから、日本人として育てたかった」

莫大な借金を返すため、離婚した優子はすぐに動いた。

「まずは、赤ん坊をおんぶして朝鮮銀行に行き五〇〇万円を借りた。その金でスナックをやったんだよ。でもね、ひとりでやるスナックの上がりじゃ利子を払うのがやっとで、どうにもならなかった。そんなときたまたま見たSM雑誌で、SMクラブの求人広告を見たんだよ。それでピンときた、これは稼げるんじゃないかって。SMなんてやったことなかったけど、スナックを閉めてすぐにその店で働きだした。少ないときでも月に一〇〇万、たいていはそれ以上稼げたね。しだいに借金も減りはじめて、残り三〇〇〇万円ぐらいになったころ、同業の店を自分で開いたんだよ」

「そもそもの質問ですが、SM嬢の仕事は何がいちばんたいへんなんですか」

「鞭《むち》やカンチョーを使ったり、技術を覚えるのもたいへんだけどさ、言葉遣いとかね、精神的なプレイが重要なんだよ。どんなプレイを望んでいるのか、相手の気持ちを察してあげないといけない。ただ引っぱたいたりしていればいいってもんじゃないから」

なるほど、赤坂で人気ホステスとして鳴らした接客のセンスがSMクラブでも活きたということだろうか。独立して、最初に店を構えたのが鶯谷だった。

「最初はさ、従業員もいないから私ひとりで電話を取って、プレイルームでプレイをして、三百六十五日ほとんど寝ないで働いたよ。当初、一日一六万円だった売り上げがだんだん増えていって、二、三年後には月に五〇〇万円くらい手元に残るまでになった。おかげで、独立して三年で借金は全部返せたよ。本気でお金を稼ぐにはさ、人が休むときに仕事をしないといけないよ。食事はキムチとご飯だけ。不思議なもんでね、借金があるときは気が張ってるから、一日も休まず体を張って働いても風邪ひとつ引かなかった。それがいったん借金を完済したら、気が緩んだのかとたんに体調を崩したり、売り上げも半分以下になっちゃった」

三〇〇〇万円の借金返済が終わったころ、自分以外の女性をひとり雇うことに決め、やってきたのがルミだった。

「あの子も借金を背負って、子どももふたり抱えててさ。早く身軽にさせてあげたかったから、私が給料を預かることにして、毎月、生活に必要な分だけ渡したんだよ。残ったお金は、全部借金の返済に使わせた。そしたら、すぐに借金を返し終えて、『独立したい』と言うんだ。『ママのお店に迷惑をかけたくないから、千葉でやります』って、わざわざ離れたところに店を出してね。義理堅いコだよ」

優子の子どもは十代でアメリカに留学し、早くから社会人として独り立ちした。

優子は現在、七十代から八十代の女性たちが所属するデリヘルを経営している。ルミがいたころのSMクラブではない。高齢女性に特化したデリヘルには競合も少なく、確実な需要があるのだという。案内されたこの喫茶店は、彼女の店で働く女性たちの待機場所でもあった。

加速度的に高齢化社会が進む現在の日本。もしかしたら優子が経営しているデリヘルは、年金暮らしの独居老人たちを癒す風俗として、時代の最先端をいっているると言えるのかもしれない。

## 鶯谷の「その後」を見据える優子

三十年にわたって体ひとつでこの業界を生き抜いてきた優子は、風俗激戦区鶯谷の生き字引ともいうべき存在だ。彼女によれば、新型コロナウイルスの感染が広まる以前から鶯谷の状況には変化があったという。

「いまは無店舗型のデリヘルは簡単に許可が降りるだろ。極端な話、部屋と電話があれば、すぐに商売がはじめられる。誰でもできるようになって、どんどん店が増えたから、女もすぐに店を移るし、店を通さないで客を直引きしたりしはじめる。昔とくらべて、義理も仁義もあったもんじゃないよ。同業の安い店も増えてきたせいで、五年前くらいから売り上げは下がっていたんだ。コロナになってからも、感染を気にしない客はやっぱりそういう安い店に流れていくよね。そのぶん、こんな状況でも儲かっているところは儲かっているんだと思う。だけどさ、料金を安くすればするほど女たちにしわ寄せがいくから、結果的には、経営者も働いている女も誰も得しないんだよ」

多くの店がうたかたのように生まれては消えていく。こうした状況で、優子が経営する高齢専門デリにはいま、元は鶯谷のデリヘル経営者だった女性が四人ほど在籍しているという。過当競争と予想外のコロナ禍に耐え切れず店をたたんだ女性たちだ。

コロナによって昼間の仕事を失った女性たちが風俗業界に流れ込んでくるというわかりやすい図式ばかりでなく、店が立ちゆかなくなった風俗経営者が、自ら体を売りはじめるケースまで出てきているのだ。

鶯谷といえば、日本人が働く店ばかりでなく、中国人や韓国人女性が所属するデリヘルが多いことでも知られている。私の知り合いに、コロナ以前から現在にいたるまで月に最低二回は鶯谷のデリヘル嬢を呼んでいる強者《つわもの》がいる。彼によれば、働いている外国人嬢の国籍にもコロナを挟んで変化があったという。

「以前は中国人が経営する店で、中国の女性とよく遊んでいたんですけど、彼女たちのほとんどは国に帰ってしまったんです。お店はまだやっているんですが、働いているのは日本人とタイ人の女性に変わりましたね。タイ人の女性も可愛らしくて楽しい時間を過ごせていますけど、早く中国人に帰ってきてもらいたいです」

なるほど、働く女性たちの国籍こそ変わったものの、店じたいはコロナ禍にあっても潰れることなく営業を続けているわけだ。

風俗店ではないが、鶯谷界隈で営業する飲食店の中には、非常事態宣言やまん延防止等重点措置が掲げる時短要請に応じず、遅くまで営業を続けているところもある。ある中国人経営の店も時短営業はしておらず、多くの店が午後八時以降の営業をやめたせいで、コロナ以前より多くの客が入るようになったという。店をはじめて以来最高の営業利益をあげるまでになり、いまは支店を出すことを考えている、と店主は言った。

東京を代表する色街鶯谷は、このコロナ禍にあっても、しぶとく生き抜いている。優子も「いままでにないほど苦しい」と口では言いながらも心は折れておらず、しっかりと「その後」を見据えていた。

「コロナでたいへんだっていってもね、この業界は頭さえ使えばなんとか生きていけるんだよ。広告代とか経費を削ればいいんだからね。コロナが落ち着いたら、またかならず客は戻ってくるよ。我慢していた男たちが女とやりたくなるからね。まあ、苦しいけどさ、私はまわりが騒いでいるほどキツいとは思ってないよ。風俗で働く女はね、つらいときこそ歯を食いしばって頑張れば、人よりいっぱい稼ぐことができるんだから。ハングリーにやればいいんだよ」

数々の修羅場を経験してきた優子の別れ際の言葉には、重みと説得力があった。この女性ならきっと、コロナ禍すら楽しい思い出話にする日がくるにちがいない。

# 第2章 吉原の陰影

# 灯の消えた色街吉原

「いつもは明かりが煌々《こうこう》と灯っていて、路上には客引きが大勢いたんだけどね。お客さんを乗せたバンもひっきりなしに走ってて。それがあの晩吉原を通ったら真っ暗で、衝撃だったのよ。私は女だからまあ関係ないんだけど、見慣れていたいつもの風景が突然目の前から消えたことがなんかショックでね、思わずスマホで写真を撮ったの」

二〇二〇年四月、新型コロナウイルスの感染者急増を受け、政府は全国に緊急事態宣言を発令した。隣接する山谷《さんや》で働く介護福祉士の羽田栞《はだしおり》が、当時の吉原のようすを語ってくれた。彼女と知り合ったのは東京・水道橋にあったノンフィクションライターが主宰する文章教室だった。かれこれ二十五年の付き合いになる。山谷には現在、いわゆる独居老人が数多く暮らしている。超高齢化社会を迎えた日本を凝縮して体現したこの地で汗水流して働きながら、彼女はこの国に生きる彼らの苛烈な営みを日々見つめている。この仕事をはじめてからライター業は一時的に休業した。

山谷のドヤや吉原周辺のマンション、アパートなどを回りながら独居老人の介護をしている彼女は、その日も、吉原のソープランド街から通りを一本隔てたアパートで呼吸困難に陥った老人の介護をしてきたという。羽田にとって、男たちがそぞろ歩くネオンに彩られた吉原は見慣れた風景だ。その吉原のネオンが消えたことは、すなわち日常の喪失を意味した。

スマホに保存されていた写真を見せてもらうと、ソープランドの看板ネオンはすべて消え、街灯だけがメインストリートである仲之町通りを照らしている。人っこひとり影もない。日本を代表する色街吉原。多くの風俗嬢が春をひさぐこの地で、かつてこのような光景がはたしてあったことだろうか。もしかしたら、一九五七年（昭和三二年）に売春防止法が施行され、一時的に吉原の灯が消えたとき以来の出来事かもしれない。

ご存じのように、江戸時代に産声をあげたこの色街には四百年以上の歴史がある。その存在はつねに世の浮き沈みとともにあったわけで、日本はもとより世界じゅうを大混乱に陥れている新型コロナウイルスの大流行とも無縁ではいられない。声高に「三密（密閉、密集、密接）を避けましょう」「不要不急の外出は自粛しましょう」と訴えている東京都からしてみれば、新宿・歌舞伎町などと同様に目の敵ともいうべき存在だ。

この未曾有の危機のなか、そこで働く女性や関係者たちはどのように生きているのだろうか。ぜひ生の声を聞いてみたいと思った。

## 一回八万円の超高級ソープ嬢の遍歴

二〇〇〇年代の初頭、当時籍を置いていた写真週刊誌の撮影で、私は初めて吉原に足を踏み入れた。プロ野球ファンなら誰もが知る著名な選手が吉原の某ソープ嬢と付き合っているとのタレコミがあり、彼の住むマンションやその女性が働いていた店、付近の三ノ輪《みのわ》駅などに二、三週間張り込むという仕事だった。結局、決定的な写真は撮れずに終わった。彼にとってソープランドは単なる息抜きだったのかもしれない。

もちろん、吉原好きはそうした著名人ばかりではない。私の友人にも、金が入るとソープランドへ足繁く通うごくふつうの会社員がいる。ある種の男性たちにとって、ソープランドとは日常のストレスを解放する貴重な癒しの場なのだ。

福岡の中洲《なかす》、岐阜の金津園《かなづえん》、滋賀の雄琴《おごと》、神奈川の川崎を筆頭にソープランド街は全国に点在するが、質量ともにトップといえるのはやはり東京の吉原だろう。擁するソープランドは一四〇軒、二位中洲の約二倍の店舗数を誇る。

その後、私が吉原で初めて店に上がったのは二〇〇六年のことだった。ソープ嬢に話を聞き、室内の撮影をさせてもらうためだ。

「お待たせしちゃって、すいません」

部屋に案内されてから五分ほどして、細身に長い黒髪が映えるモデルのような美女が現れた。私は客としてではなく取材の許可をもらってこの場にいたのだが、それでも一瞬ドキリとした。ふだん客にしているように入口で正座すると、その女性は「よろしくお願いします」と指をついて頭を下げた。

桃子が働くソープランドは最低でも八万円の料金がかかる超高級店だ。

吉原の超高級ソープで働く桃子

吉原には安いところなら一万円ほどで遊べる店もあるから、数少ないトップランク店と言ってよい。写真週刊誌のカメラマンを辞めてからというもの、横浜に当時存在した売春街黄金町《こがねちょう》の取材をはじめとして全国の色街を歩いてきたが、吉原は未踏だった。四百年の歴史を刻んだ色街吉原のソープ嬢とはどんな人々で、どんな思いで働いているのか、ぜひ知りたい。そんな私の願いを叶えてくれたのがこの超高級店で働く桃子だった。

部屋の中を見まわして最初に目を引いたのはスチームバスだ。ソープランドは浴場として営業許可を取っているため、働く女性はあくまでも入浴する男性の補助係、フリーのヘルパーという立場だ。店は、客と女性に場所を提供しているにすぎない。したがって、プレイで使うコンドームなどの備品は店ではなく女性がみずから用意している。

部屋の片隅には、何日も旅行にいくような大きな黒いボストンバッグが置かれていた。

「お客さまを迎えるときの衣装だったり仕事で必要なものを入れようとすると、これぐらい大きなバッグが必要なんですよ」

一日に迎える客は当然複数におよぶ。彼女はひとりひとりの客をあらたな気持ちで迎えるために、すべての客に対して異なる衣装を身に着けるのだという。男性の年齢や服装の好みなどを考慮していると、どうしても衣装の数は増える。彼女のプロ意識が凝縮した塊、それがこのボストンバッグなのだった。黄金町などで取材した路上の娼婦たちが決まって手にしていたのは、コンドームと化粧道具を入れた小さなハンドバッグひとつだった。高級ソープランドと路上で働く娼婦とのちがいがこんなところからも感じられた。

## 風俗が天職

岡山県出身の桃子が風俗稼業をはじめたのは高校在学中のこと。最初はセクキャバで働いたという。

「コンビニだとか普通のバイトはまったくやる気がなかったですね。どうせ働くなら稼げるほうがいいなって思っていたから」

すでにそうした店で働いている友人たちがまわりにいたことも大きかった。高校を卒業したあとは広島に出て、市内の箱型ヘルスに籍を置いた。

「一度水商売で大きなお金をもらってしまったら、もうほかの仕事はバカらしくてできないですよ。セックスへの興味も湧いてきて、何の迷いもなくヘルスで働くことに決めました」

広島の店で働きはじめると、すぐに人気が出た。

「でも、せっかくやるなら一カ所だけじゃなくて、いろんな土地で働いてみたくなってきたんです。大阪は広島以上に風俗が盛んで、箱ヘルよりデリヘルが主流だと聞いたんで、そこで頑張ってみたいなって思うようになりました。自分を試してみたかったんです」

大阪のデリヘルでも早々に要領をつかみ、いい稼ぎをあげるようになったころ、繁華街を歩いていると飛田新地《とびたしんち》のスカウトマンだという男から声をかけられた。

「そんな場所があるなんて知らなくて。スカウトの人に連れられて行ってみたら、え、ここ現代の日本？　時代劇のセットかな？　そう思いました。すぐにちょっとやってみたいって興味が湧いてきて、とりあえずデリヘルを一週間だけ休んで働いてみることにしたんです」

彼女が働いた店は、飛田でも若い女性が多くて有名な青春通りにあった。十九歳だった。

「お客さんは次から次につきましたよ。遣《や》り手のお姉さんがいるから、変な人は来なくて楽でしたね。一回一五分ということでお客さんは上がってくるんですけど、タイマーは三分にセットして、ひたすら数をさばいてました」

まさにカップラーメンができるあいだのインスタントセックス。彼女の魅力にやられた客は、あるいはその時間の短さにも気づかなかったのかもしれない。半日で二十人の相手をしたという。その後も彼女は、性の求道者のように風俗業界を歩いていくのだった……。

桃子の話を聞きながら、私は井原西鶴の『好色一代女』を思い出した。いまから三百五十年ほど前が物語の舞台だ。若いころの奔放な性交渉を悔《く》い懺悔《ざんげ》の日々を送る一代女が、ふたりの若者にみずからの性遍歴を語るという内容である。しかし、桃子はまだ一代女の歳の半分にも達していない。何十年か先、一代女のように性遍歴を悔いる日がくるのだろうか。

「次に福原のソープに行きました。それから雄琴、中洲、川崎と働いて、吉原に来たんです。雄琴の店は立派な門があって、外からは全然見えないようになっていました。大きなお店で、中には美容室もあって。ただドレスは派手なものはダメとか、メイクは濃くしちゃダメとかルールの厳しい店だったんで、働きやすくはなかったです。それにくらべるとここは罰金もないですし、服装も何も言われないんで、いままでいちばん働きやすい職場ですよ」

十八歳で風俗業界に飛び込んだ桃子。この店では二十一歳となっているが、実際は二十四歳だ。六年かけてさまざまな色街を回り、吉原というもっとも働きやすい色街と出合った。

それは、手抜きができて楽だというわけではもちろんない。吉原はむしろソープランドが林立する激戦区だから、風俗嬢たちはつねに自分自身のブラッシュアップを欠かさない。吉原で働くソープ嬢向けの講習会なども催され、彼女はそのほぼすべてに参加しているという。

「ベッドでサービスする前のお辞儀の角度ですとか、お客さんとの最初のキスは三〇秒以上、ディープキスも加えるとか。基本的なところではゴムの付け方も勉強したりしますね」

この仕事が天職なのだろう、桃子は終始楽しそうに自身の仕事について語った。とはいえ、ソープ嬢のなかには精神を病んで消息不明になったり、自殺する者も少なからずいるという。

「じつは私たちがいまいるこの部屋でも、自殺した女性がいるって聞いています。見える人には姿が見えるらしいですよ」

その女性ばかりではない。四百年以上の歳月のなかで、数多の女性が不遇のうちに吉原で亡くなってきた。彼女たちのさまざまな思いが、この土地には地層のように積み重なっているのだ。

大きなボストンバッグにはたくさんの衣装が

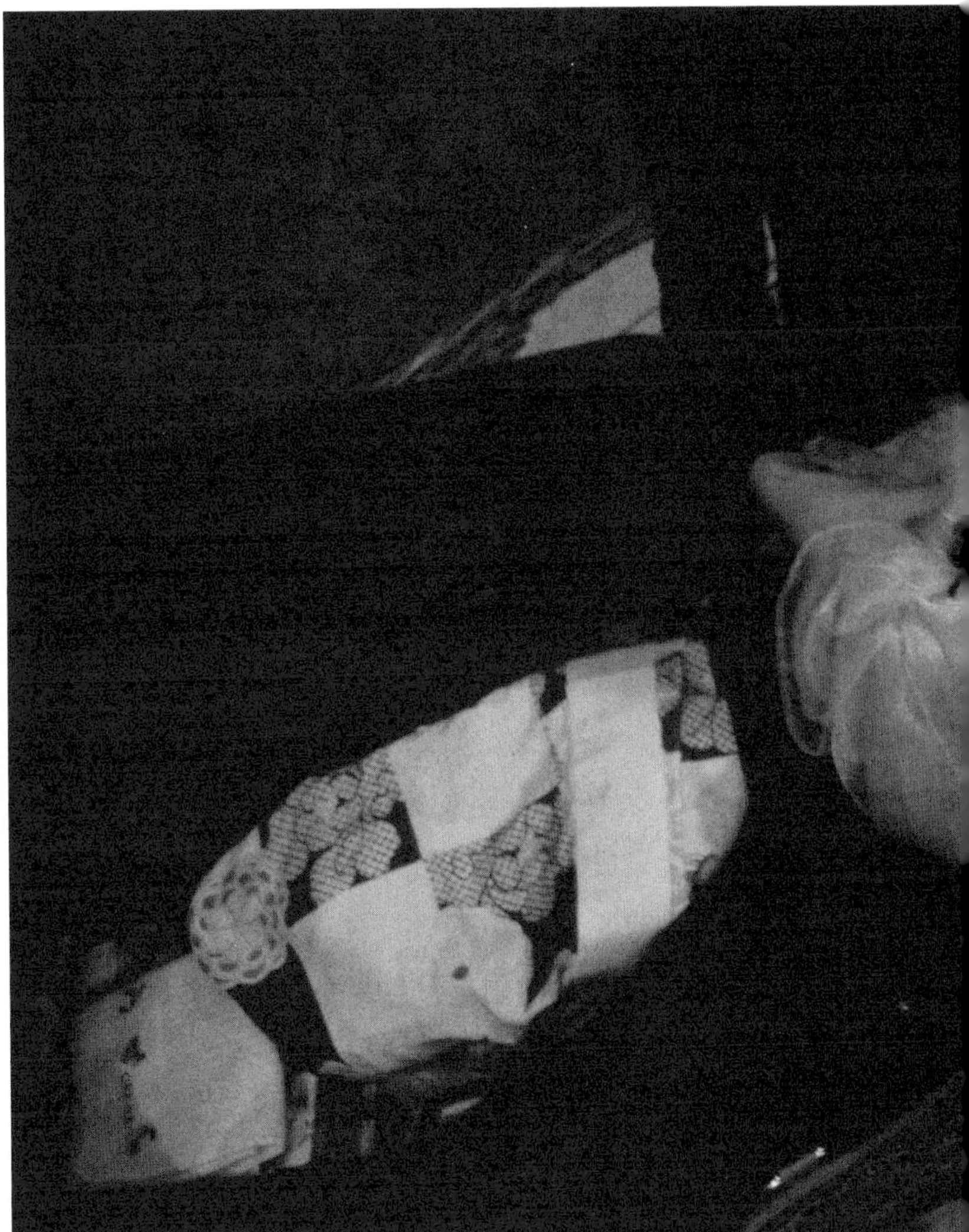

一方、男たちも単に肉欲を満たすためだけではなく、行き詰まった心に安らぎを求めてこの地へやってくるというタイプが少なくない。先述した私の友人もそう言っていた。そんな負のオーラをまとった客たちから日常的に悩み事を聞かされたりしていれば、程度の差はあれソープ嬢の心の中にも知らず知らず、精神的な疲れが澱《おり》のように溜まっていくことだろう。あるいはそれは、肉体的な疲労以上に簡単には取り除けないものかもしれない。

「私はエッチも好きですし、この仕事が本当に好きなんですよ。だから精神的に落ちたりすることはありませんね」

とはいっても楽観的に過ごしているわけではなく、性病に対する備えは心がけている。

「コンドームはかならず付けてますけど、月に二回は性病の検査に行きますよ。一回二万円はかかるんでお金の面では痛いですけど、仕方ないですね。喉《のど》の検査も一緒にしてもらうんです。意外と喉に感染しているっていう人も多いので」

血液検査や性病の検査費用は店が出してくれるわけではなく、すべて自腹だ。吉原では、コンドームを付けないサービスをする女性も少なくないが、彼女は絶対に無理だと言う。

「最近では中国とか外国からのお客さんも増えてきて、外国人を積極的に受け入れている店もあります。そういう店では梅毒なんかの性病にかかる女のコも出てるっていう話です。コンドームを付けないんでしょうね。ほんとは、どの女のコもそんなサービスはしたくないんですよ。だけどお客さんを取るためには仕方ないと自分に言い聞かせてやってるんです」

自分はまだ若いからいまは多くの客がついているけれど、この状態がいつまでも続くとは思っていない、と桃子は最後に言った。

かつては高級ソープで働いていたものの歳をとるにつれ客がつかず、食い詰めるようになって流れてきた女たちを、私はさまざまな場末のちょんの間で見てきた。桃子もまた二十四歳という若さながら、渡り歩いた各地の色街で客がつかなくなった娼婦の末路をその目に焼き付けてきたという。だから食事はつねに自炊し、稼いだお金はできるかぎり貯金している。人には天真爛漫に振る舞ってみせる一方、冷静な視点で現実を見つめる賢さが彼女にはあった。吉原の高級ソープ嬢桃子は、人知れない努力で懸命に世の中を生きていた。

あれから五年、はたして彼女はこのパンデミックをどう生きているのだろうか。当時聞いた彼女のアドレスへメールしてみたが、残念ながら「宛先不明」とメールソフトから送り返されてきた。

もしいまも現役を続けていればもうすぐ三十歳。機を見るに敏《びん》な彼女のことだから、すでに引退して幸せな人生を送っているのかもしれない。

# 江戸時代から区画が変わらない町

三度目の緊急事態宣言が出されて間もない二〇二一年五月、この目で現在のようすを見るため私は吉原へ足を向けた。地下鉄日比谷線の三ノ輪駅で降り、まずは徒歩五分もかからない竜泉という一角に立ち寄った。

廻れば大門の見返り柳いと長けれど、お歯ぐろ溝に燈火《ともしび》うつる三階の騒ぎも手に取る如く

情緒的な吉原の描写ではじまり、将来吉原の遊女になることを宿命づけられた美登利《みどり》という少女が主人公の樋口一葉『たけくらべ』の舞台となった土地だ。現実の世界では一九三六年、性交中に殺した恋人のイチモツを切り取った阿部定《さだ》が、一九六七年に六十二歳でおにぎり屋「若竹」を開いた地でもある。芸者上がりの阿部定は、事件までの半生を妾《めかけ》、娼婦として生きてきた。現在樋口一葉の銅像が建つ千束稲荷神社の向かい側に、阿部定の店はあった。シャッターは長らく下りたままのようだったが、当時の建物がそのまま残っていた。

「阿部定はたしかにここにいたけど、店にも行ったことはなかったし、たいしたことは何も覚えていないんだよ。ただの婆さんだっていう記憶ぐらいかな」

近所の人に阿部定のことを尋ねてみたが、半世紀も前のことだからそれも当然だろう。

ここ竜泉には遊廓文化華やかなりしころ、吉原で働く娼婦や関係者たちが多く暮らしていた。いまではごくふつうの住宅街となっている竜泉だが、世間の隅で離れ小島のように浮かんだ吉原と、かつては密接につながっていたのだ。猟奇的ともいうべき性にまつわる事件を起こした阿部定が住み、また店を開いていたことからも、娼婦に対するこの土地の包容力がわかろうというものだ。

竜泉をあとにして十分ほど歩くと、吉原のソープランドの看板が視界に入ってくる。むこうに見える吉原の土地がわずかに高台になっていることに気づく。吉原が「お歯黒どぶ」という堀で囲まれ、遊女たちが逃げ出せないようになっていた時代の名残だ。

ここで、簡単に吉原の歴史をたどっておこう。

一五九〇年（天正一八年）に徳川家康が江戸に入府して以来、各地から参集した職人や商人などにより江戸の町は活気を増していった。参勤交代制がはじまると、各藩から江戸の武家屋敷に詰めた多くの武士たちなどで市中に暮らす男性の数が爆発的に増大。一七二一年（享保六年）の記録では江戸の人口は男性が約三二万人、女性が約一八万人と、つねに女性が不足していたことがわかる。さらには関ヶ原の合戦や大坂夏の陣などで取り潰しにあった大名家の浪人たちも江戸の街に多数流入していた。実際の数値以上に男性の数は多かったはずだ。そのぶん女性にあぶれる男性も増える。

そうした男たちにガス抜きをさせる慰安施設として、また幕府にとっては不穏分子を監視する意味もあり、一六一七年（元和三年）に浪人上がりの町人庄司甚右衛門《しょうじじんえもん》の請願を認め、遊廓吉原が設置された。

当時の吉原はいまの日本橋人形町界隈にあり、江戸の中でも町はずれに位置していた。現在その場所は「元吉原」と呼ばれている。しかし、江戸の町が広がっていくにつれ、いつの間にか吉原は町はずれではなくなっていた。一六五七年の明暦の大火で江戸の大部分が焼けると、幕府はあらたな都市整備の一環として、吉原を現在の場所に移した。

もとは葦《よし》の原だったことから葦原となり、縁起を担いで「吉原」という地名になったという。吉原の区画は移転された一六五七年から三百六十年以上も変わっていない。町の名前も当時のままだ。戦後のどさくさを経て一九五七年に施行された売春防止法によって、江戸の遊廓からはじまった吉原の長い売春の歴史も途絶えたかと思われたが、ソープランド街として生まれ変わった。

諸説あるが、ソープランドの発祥は吉原ではなく、一九五一年に東銀座で産声を上げた「東京温泉」とされる。男性へのマッサージをおこなう二十名の女性を抱え、「トルコ風呂」と謳って活況を呈し、一九六六年には風俗営業法の適用を受けている。その名称は、一九八四年にトルコ大使館などのクレームによって「ソープランド」と新名称に切り替えられるまで使われた。

そのトルコ風呂が初めて吉原にできたのは売春防止法が施行された一九五七年の八月。

「トルコ吉原」の名称で開業している。当時の入浴料は七〇〇円で、現在で換算すれば一万円ぐらいだった。

吉原に足を踏み入れる前に、もう一カ所寄りたいところがあった。

ソープランド街から目と鼻のところに建つ書店だ。もとは小さな革工房だったのを二〇一六年にリノベーションして開業したカストリ書房は、日本の色街や売春に関する書籍を専門に扱っている。オーナーの渡辺豪さんは集めた史料・情報の量のみならず、この道にかける熱量も並々ならぬものがあり、仕事柄ときおり立ち寄っては取材や執筆の貴重なヒントをもらっている。

ただ、新型コロナウイルスのニュースが出まわって以降は訪ねていなかった。吉原に隣接したこの場所で、コロナのはじまりから現在まで、街のようすはもちろん働く女性やソープの客たちなどを垣間見てきたであろう彼に、最近の吉原事情について何か話が聞けないかと思った。

「去年から、看板が外れてしまったり店名が変わったところも結構ありますね。ただ、こないだ風俗嬢だという方がうちに本を買いにきてくれたんですが、コロナでも売り上げじたいは変わらないと言っていました。しっかりとお客さんがついている女性は、そんなに影響を受けていないのかもしれません。ただ、国の手法には納得がいきませんね。同じ納税者なのに、なんで風俗嬢が個人事業主向けの持続化給付金から対象外になるんでしょう。理解に苦しみます」

風俗嬢たちは間違いなく日本の経済活動に携わっている。風俗店もまぎれもなく日本経済を支えている歯車のひとつだ。そんな人々にだけ補償がされないというのは筋が通らない。いったいどんな理由があってそんな恣意的な決定を下したのかと思えば、政府は、風紀上好ましくない仕事である、などと極めて情緒的なことを言っている。

考えてみれば、いまから六十年ほど前まで売春は合法だった。それが戦時下における軍隊向けの慰安所であり、国内においては産業戦士向けの赤線地帯だった。その後、売春防止法によって建前上は売春を禁止したものの、ソープランドなどの営業は今日にいたるまで事実上黙認してきた。そこで何がおこなわれているか知らない人などいないのに、である。

国としても、そうしてきたのには理由があるはずだ。すなわち社会生活上必要とされ、そのサービスを提供する人間がいて、それに対価を支払う人間がいるということだ。税収を見込めるビジネスとして、経済を回す一産業として認めているからではないのか。

明治以降の日本の近代化には、生糸《きいと》の輸出と出稼ぎ娼婦「からゆきさん」たちから届く外貨が少なからず貢献した。かように風俗店の経営とは経済活動以外の何ものでもないのだ。国としても、差別することなく対応するべきではないだろうか。

カストリ書房を出ると、吉原はもう目の前だ。かつてこの遊廓は四方を取り巻く堀と、堅固な石垣に囲まれていた。いまも残る当時の石垣の一部を横目に見ながら吉原に入る。区画や通りの名前は江戸時代のままだ。

「お店決まってますか？　ご案内できますよ」

さっそく案内所の男性が声をかけてきた。時刻は午後六時過ぎ、もう宵《よい》の口だったが、目につついた客と思しき男性は、頬《ほほ》を緩ませながら歩いてくる三人連れ一組だけだ。一方で、後ろに小さな子どもを乗せた若い母親の自転車とは、何台もすれちがった。潰れたソープランド跡などに建てられた新築マンションで暮らすニューファミリーが増えているのだという。

「数年前からね。吉原だけじゃなく山谷のドヤも潰して、どんどんマンションが建っているのよ」

明かりの消えた吉原の写真を見せてくれた羽田が教えてくれた。

吉原には、コロナ前の時点で一四〇軒のソープランドがあったというが、それでも全盛期の六割ほどでしかない。山谷のドヤ街も労働者の高齢化により、外国人旅行者向けのゲストハウスやマンションなどに姿を変えている。行政からすれば、こうしてソープランドが消えていくことは街の健全化が進むことにほかならず、喜ばしいことなのかもしれない。

一方で、四百年という歴史を生き抜いてきた巨木がすこしずつ朽ち果てていくさまを見せつけられているかのようで、私は複雑な気持ちになった。

# 池袋のスカウト、龍雄

ひとけのない吉原の街を歩きながら、ここで働く現役のソープ嬢に話を聞きたいと思った。どうやって話を聞こうかと考えたとき頭に浮かんだのは、以前取材したことがあるスカウトの龍雄だった。吉原にも女性を送り込んでいると言っていた。

十年ほど前に雑誌の取材をきっかけに知り合った龍雄は、池袋を拠点としている。都内でも指折りの風俗店やラブホテルの一大拠点池袋のコロナ禍のようすも気になったので、それならと龍雄に会う前日、二月のある日曜の夜に足を運んだ。

緊急事態宣言下の池袋駅西口周辺の歓楽街を歩いていると、客引きの男たちの姿ばかりが目立つ。頭上のスピーカーからは、客引き行為を咎《とが》めるアナウンスが流れているが、そんなものはおかまいなしだ。

時計の針は午後十時を回り、ふだんなら多くの人で賑わっている時間帯だったが、ほとんどの飲食店が都の自粛要請に従い酒類を提供していないせいか、道ゆく人の姿はまばらだ。しばらく歩きまわり腹が減ったので何か食べられる店はないかと探したが、どこも八時には閉まったようだ。営業時間短縮の要請を無視して開けているラーメン屋は満員で、しかも行列ができている。仕方がない。テイクアウト向けのみで営業中だったマクドナルドに入り、チーズバーガーを買った。路上でハンバーガーを食べるなんて、いつ以来だろうか。

飲食店が営業を自粛する一方で、風俗店はいつもと変わらず営業を続けているようだが、見ているかぎり客足は相当に鈍いように感じられた。


「久しぶりっすね」

翌日、指定された池袋駅西口の喫茶店で待っていると、こんがりと日焼けした男性が入ってきた。十年ぶりの再会ということもあり顔つきなどはうろ覚えだったが、張りのある声を聞いて、とたんに記憶がよみがえってきた。今年四十歳だという龍雄は、以前と変わらないように見えた。

「なんだかさびしい景色ですよね」

最近の吉原について尋ねると開口一番、龍雄は言った。彼の仕事も大いにコロナの影響を受けているという。

「もう完全に開店休業状態ですね。俺たちの仕事っていうのは人と会ってナンボで、実際に人と会うのが好きですし、〝ナマモノ〟商売だと思うんです。人とのつながりによって、次の何かが生まれる。それが、このコロナで街に出て人と会うのが難しくなっちゃったじゃないですか。活力が失せますよね」

実際に仕事内容も変化したという。

「リモートとかで打ち合わせをするんですけど、実際に会うのと全然ちがいますし、やる気が起きないですよ。こんな状況だから、働きたい女性もいっぱいいると思うんですけど、潰れている店は多いですし、暗い話ばかりです」

コロナの実害を龍雄自身も被ったという。

「最初の緊急事態宣言が解除された後、去年の八月ぐらいに情報交換もあって仲間たちと飯を食いにいったんです。そうしたら何日かして微熱が出て、体がすごくダルい。おかしいなと思って保健所でPCR検査を受けたらコロナの陽性だったんです。頭痛と肩甲骨の痛みがあったけど、症状はたいしたことはなくて。それでも即入院して八日間、隔離生活でした」

この十年で龍雄は結婚し、ふたりの子どもをもうけていた。幸いにも家族には感染しなかったが、それ以来元キャバ嬢の嫁との関係がぎくしゃくするようになったという。

「嫁にめちゃくちゃ怒られました。しばらく人とは会うなと言われて、ストレス溜まりまくりですよ。小さい子どもがいるからすぐに離婚とはならないですけど、ちょっと考えちゃいますよね」

「収入はどうなっているんですか」

「吉原とか川崎のソープに紹介した女のコの売り上げから、僕にも何パーセントか入ってくるんです。それが月にまだ一〇〇万円ぐらいになるので何とかなってます。だけどこのまま何にもしないでいて、女のコがどんどん辞めてしまったら、コミッションはゼロになるわけですからね。何か別の仕事を探さないとまずいんですよ。八木澤さんみたいに、ライターとかできないですかね」

その声音は、冗談ではなく真剣だった。

働く女性たちもコロナによって仕事の選択肢が減っているという。

「コロナ前だったら、日本各地のソープ街に出稼ぎにも行けたんです。一日あたり最低二万円の保障がつくから女のコにはいい仕事なんですけど、コロナの感染者が多いのを理由に『東京のコはダメだ』と言われてしまうんですよ。そういえば、青森の風俗店で警察官がコロナに感染したニュースがありましたけど、あの店の女のコは出稼ぎですよ。コロナ前は香港、マカオ、オーストラリアなんかにもみんな出稼ぎにいってましたよ。海外の風俗店じゃ日本人は人気があるから、なかには日に二〇万円稼ぐコもいてね。そんな話も、なんだか遠い昔のことみたいになってしまいました」

「この状況を女の子たちはどのようにしのいでいるんですか」

「パパ活とかギャラ飲みじゃないですか。僕もそういう女のコを斡旋してますけど、ギャラ飲みは一時間一万円が相場ってとこです。パパ活の場合は、まあ、ほとんどが売春ですけど、ゴム着きで三万円からはじまって、高いコだと一発二〇万円から三〇万円。この前テレビ局のプロデューサーから頼まれたのは、ホテル代と食事代は別で二時間八万円というコースでした。とある会社社長は、マリオットホテルでの八万円コースでしたね」

取り分は、女性と龍雄で半々だという。

「それは主にどんな女性がやっているんですか」

「風俗のコはもちろんですけど、ＡＶとか素人のコもいますよ。とくにＡＶのコたちはコロナで撮影ができないから相当困ってんじゃないですかね。あとはタレントや女優の卵なんかもいます。名前は言えないですけど、ある芸能人にも何人か女性を紹介しましたよ。でも、そういうおいしい仕事が回ってくるのは一部のコだけで、ほとんどのコたちは収入が激減してたいへんだと思います。持続化給付金を不正請求しちゃうようなコもなかにはいますよ」

昔の仕事のつながりで辛うじてやりくりしている龍雄だが、もともとスカウト稼業一本で家を建てた成功者でもある。スカウトになるまでの龍雄の人生についても触れておこう。

新潟の出身で、プロボクサーになるため上京してきた。

「高校ではずっとボクシングをやっていました。プロになろうと思って卒業後、東京に出てきたんです。池袋の近くに住んでました。新潟の田舎もんからすると、大都会ですよ。それで遊んじゃいましたね。ボクシングは止めて、調理師の免許を取ったんです。大学の食堂とかで働いていたんですけど、ナンパしたり、遊びたい盛りだから、だんだん仕事にも行かなくなって、繁華街の路上でカラオケの客引きをやるようになったんです」

客引きの仕事はそれまでにないほど稼げたという。

「人と話すのが好きだから、性に合ってたんでしょうね。平均で月に三〇万円、年末には五〇万円は稼げました。友達の紹介でホテヘルやキャバクラの客引きをはじめてからは、月に五〇万は下らないようになって、二十二歳でスカウトになりました。いいときで月に二〇〇万から三〇〇万ぐらいですかね。スカウトした女のコが月に売り上げたうちの約一〇パーセントが僕の取り分になるんです」

二〇二〇年の春以来、スカウト業は実質的に開店休業状態となってしまった。このまま新しい女性を風俗店に送り込めないでいると、生活が立ちゆかなくなるのは目に見えている。

ただ、コロナ禍の状況に合わせることで、うまく稼いでいるスカウトもいるらしい。

「ツイッターなんかで女のコを募集するネットスカウトっていうのがいるんですよ。直接は会わずに、女のコたちから写メだけ送ってもらって店に紹介するんです。若いスカウトがよくやる手ですけど、僕にはちょっとできないですね。写メなんていくらでも加工できるでしょ。紹介したはいいけれど、そのあと店とトラブルになるケースが多いんです。信用が大事ですから。こんなふうにスカウトのやり方が変わってきたことも、やる気を失った原因のひとつですね」

龍雄の芳しくない現状はわかった。それでも悲壮感があまりただよってこないのは、この状況はけっしていつまでも続くものではなく、コロナさえ収まればまた一発稼いでやるという野心の火が消えていないからだろう。

## 現役ソープ嬢が語る吉原のいま

後日龍雄から連絡があり、吉原のソープ嬢を紹介してもらえることになった。インタビューの場所に指定されたのは新宿の喫茶店。色白で小柄な女性が、せわしなくスマホをいじりながら四人掛けの席で龍雄と並び座っていた。

彼女の名前はルナ。吉原で働いて七年になるという二十七歳だ。まずは二〇二〇年春からの仕事の状況について尋ねた。

「これまでお客さんがつかない日なんてなかったんですけど、緊急事態宣言が出たときは、初めてお客さんがゼロという日がありました。コロナ前は、一日出れば四本から五本はついたんですけどね。いまでは一本という日もめずらしくないです」

彼女が働いているソープランドは、一二〇分で二万五〇〇〇円、サービス料が四万円だ。指名をすればプラス四万円。最低でも六万五〇〇〇円はかかるから安くはない。コロナ前、月の収入は二〇〇万円はあったが、いまでは一〇〇万円いけばいいほうだという。単純に売り上げは半分以下になった。

店にいるほかの女性たちにはどのような影響が出ているのだろうか。

「三十人ぐらい在籍しているんですけど、コロナ以降はめちゃくちゃ入れ替わりが激しくて。毎月四人ぐらい辞めてると思う。ほかの店に移ったり、昼の仕事をしているみたい。新規で入ってくる女のコもキャバ嬢やってた人とか、昼職の人もいますよ。でも、お客さんが来ないから稼げなくて、すぐに辞めちゃうんです」

収入は減ったものの、ルナは店を移ったり転職することもなく、同じソープランドで働きつづけている。

「コロナが流行りだしてから、新規のお客さんはほとんどいないんですけど、まだ六人ぐらい定期的に指名してくれるお客さんがいるから、その人たちのおかげで何とかやっていけてるんです。だけどこのままの状況が続くようなら、店を移ることも考えないといけないでしょうね」

収入が減ったことにより生活に何か支障は出ていないのだろうか。

「とくにないですね。コロナが収まれば、きっとお客さんは帰ってきてくれると思うし、それまでの辛抱だと思ってます。不安だからといって特別、貯金とかもしてないし」

「稼いだお金は何に使っているんですか」

「美容院や日々の買い物で月に一〇万円ぐらい、残ったお金はほとんどホストクラブですね。月に七〇万円から八〇万円くらいは使ってると思います」

これまでに多くの風俗嬢を取材してきたが、ホストクラブに通っていると言う女性は少なくない。いったいホストクラブの魅力とは何なのか。

「ワイワイ飲めて楽しいことですかね。ずっと、ほぼ毎日行っていたので。コロナのせいで困ったのは、ホストクラブに行ける回数が減ったことぐらいですかね。いまは週の半分だけにしています」

「一回にいくらぐらい使うんですか」

「少ないときで四万円ぐらい。コロナの前は一晩で三〇〇万円使うこともありました」

収入は半減してもホストクラブ通いは止められないようだ。似たような女性が多いのだろう、コロナ禍にあっても店はいつも混んでいるという。

秋田県の高校を卒業してから、仙台・国分町《こくぶんちょう》のキャバクラで働き、新宿のデリヘルで風俗稼業に足を踏み入れた彼女だが、そこで覚えたホスト遊びでトラブルに巻き込まれたこともあるという。

「酔っぱらっているときにドンペリとかを勝手に入れられて、三〇〇万円請求されたんです。そんなの頼んでないからと言っても、払えの一点ばりだったんで、飛びましたよ」

飛ぶとは、代金の支払いから逃げることだ。ホストクラブも客に飛ばれないように、入店の際、女性に身分証明書の提示を求めるという。彼女もその店で身分証を提示していたが、最終的には払わずに解決したという。

「飛ばれたら、そのぶんは自分の借金になるからホストは必死になって回収しようとしますし、それを専門に請け負う元ヤクザの回収屋もいるんです。女性を出稼ぎに飛ばそうとしたり、実家に押しかけたりします。私はどうしても納得いかなかったんで、弁護士の知り合いにお願いして、店に内容証明を送りつけました。そうしたら、ぴたっと請求は止まりましたよ。面倒臭い女だと思われたんじゃないですか。だけど、ほとんどの女のコは仕方なく払ってると思います」

都合二回、内容証明をホストクラブに送りつけたことがあるという。

派手な服装でスマホをもてあそびながら話すルナだったが、転んでもタダでは起きない強さを持ち合わせているようだ。ただ、このコロナ禍にも、将来に備えて貯金しておこうという考えはなく、ある意味マイペースともいえる。将来へはどんな展望を抱いているのだろうか。

「結婚したいですね。同じ仕事をしていた友達が最近ふたり結婚したので、私も続きたいと思っています」

「どんな相手が理想ですか」

「友達は金持ちのおっさんと結婚したんですけど、どう見ても不釣り合いなんですよ。ただ、私も第一条件はお金持ちです。月収は最低三ケタかな。あとは三十代半ばでイケメン。そういう人を見つけたいですね。子どもも欲しいですし」

「条件に合いそうな人、まわりにいますか」

「いまのところはいないんですけど、きっと見つけられると思います」

ルナはインタビュー中、絶えずスマホに目を落としていたが、結婚に関する話題になったとたんスマホをテーブルに置き、視線を上げて真剣に語った。余計なお世話かもしれないが、ひとつでも熱を持って語れることがあるのだとわかって、ほっとした気分になった。

## コロナでソープを辞め、また戻ってきた真理子

もうひとり話を聞いたのは、以前取材したデリヘル経営者が紹介してくれた真理子（三十三歳）というソープ嬢だ。マンションの一室にあるデリヘルの事務所で会うことになった。

ちなみに、このデリヘル経営者の女性は店を開いて二十年近くになるが、今回のコロナ禍での売り上げは経験したことがないくらいひどい状況だという。ずっと黒字経営を続けてきたが、二〇二〇年は売り上げがそれまでの半分以下に落ち込み、預金していた金を初めて持ち出したそうだ。

しばらく部屋で待っていると「こんにちは」という声がして、ロングヘアーの目鼻立ちがはっきりした細身の女性がやってきた。どことなく優雅な雰囲気がただよう。真理子だった。

「毎年お正月は、予約のお客様でお店はいっぱいになるんですけど、全部の部屋が埋まらなかったのは七年働いていて初めてのことでした」

新型コロナウイルスの感染拡大によって、東京に二度目の緊急事態宣言が出されたのは二〇二一年一月七日のことだが、年末から年明けにかけて日々報道された感染者の急増で、吉

原の客足は例年とは比較にならないほど落ち込んだという。

彼女自身もまたコロナの影響を受けていた。二〇二〇年四月に一回目の緊急事態宣言が出された際、真理子はソープでの仕事を辞めたという。

「小学生の娘とふたりで生活しているので、コロナが怖かったんです。ソープの仕事はもろに濃厚接触じゃないですか。もし私が感染しても、ひとりで生きているのなら、自分だけが苦しめばいいんですけど、娘に移したら学校にも迷惑がかかりますし、どこで感染したんだということにもなるじゃないですか。いろいろ考えていたら、続ける気になれなくて」

「辞めるときは、その先のめどはついていたんですか」

「ソープ時代、あるときから毎月一〇〇万円を目標に貯金をはじめました。それで、いまも四〇〇〇万円ぐらいは蓄えがあるんです。貯金をすることが大好きで、お金を見ていると落ち着くんです。お金は銀行には入れないで、全部家に置いてあります」

彼女にとって貯金とは、銀行にも郵便局にも預けず自分で現金を持っておく、という意味なのだった。

「銀行にはなぜ入れないんですか」

「こういう仕事ですけど、ダミーの会社でアルバイトをしていることにして、毎年、確定申告もしています。ただ、本当の収入をすべて申告しているわけではないので、そんなに預金があったら、すぐにおかしな申告をしていると税務署にバレてしまいますよね。だから目をつけられないようにしているんです」

母子ふたりの暮らしなら、一年どころか数年は食うに困らない蓄えだと思うのだが、彼女はそれを切り崩して生活しようとは端《はな》から考えていないようだ。

「昔から私はものすごいケチで、貯めたお金は一円でも切り崩したくないんです。たかが五〇〇円のサンダルを買うか悩んで、買わないこともあります。風俗はいつまでもできる仕事ではありませんし、一寸先は闇だと思っています。それで、ソープを辞めたとき昼のアルバイトをはじめました。やっぱり月に一〇〇万以上のお金を稼ぐ生活というのは、現実離れしている世界だなとあらためて思いましたね。以前から、汗水たらして真っ当な仕事をしたいという気持ちもありました」

真理子が選んだのは警備会社だった。

「ビルの警備をする仕事だったんですけど、一日働いて一万円。ソープにくらべたらびっくりするぐらい少ない報酬です。だけど、それが一般社会ではふつうのことですから、自分もそれを経験することができて、とても新鮮でうれしかったですね」

ところが、バイトをはじめて一カ月も経たないうちに、思わぬ事態が起きた。上司によるセクハラである。

「ビルには二畳ぐらいのスペースの警備員のための待機部屋があるんですけど、そこで五十代の上司からお尻を触られたり、胸を揉まれたりするようになったんです。会社に言っても満足に取り合ってもらえませんでした。せっかく風俗を辞めたのに、なんでこんな目に遭わないといけないのと悔しくなって、警備会社は辞めてしまったんです」

あらたな第一歩は、セクハラによって阻まれてしまった。しかし、働いたのは短期間だったものの、いままでにない感覚が確かにあったと真理子は言う。

「子どもに仕事のことで嘘をつかなくていいのは、本当に精神的に楽でした。それで、もう少し昼の仕事をやってみようと見つけたのが、名前は出せませんけど、日本人なら誰もが知っている公共施設の誘導係でした。それを週に三日やって、月に一〇万円もらっていました」

「その額では、生活するのには足りませんよね」

「そうですね。月の家賃ぐらいにしかなりませんから。知り合いのソープ嬢のなかには、持続化給付金一〇〇万円の不正受給をしている人もいました。私にも、申告手数料の三〇万円を差し引いた七〇万円が手に入るという話が回ってきましたけど、すぐ税務署にバレるだろうと思ったので、さすがにやりませんでした。店を辞めてからしばらくして、常連だったお客さんに私の昼職状況などを話したら、それでは生活が厳しいだろうと、ありがたいことに援助してくれると申し出てくれて。東京から車で二時間ほど離れた街に住んでいる方で、もう何年も週に一度は通ってくれていた人でした。いまも月に三〇万円援助してくれているんです。タンス貯金のことはもちろんひと言も言ってませんけど」

「三〇万ですか、それはかなりの金額ですね」

「そのお客さんからは、もう仕事には復帰せず普通に生活してほしいと言われました。しばらくは誘導係の仕事と彼からの送金で生活していたんですが、去年の十二月にコロナの感染者数が急増したせいで、施設が休業になってしまって、このままではまずいなと。彼には申し訳ないですが、それで黙って年末からソープに復帰することにしたんです」

「三〇万あれば、生活はなんとか回りそうにも思いますけど」

「彼は既婚者だから結婚を迫ってくるようなこともないでしょうけど、誰かに頼りきりになるというのが嫌なんです。母子家庭ですから働けるのは私だけ。なのに、コロナのせいでバイトもできなくなってしまって。だからこそ、働けるうちにすこしでも多く稼いで貯めておきたいんです。そういう気持ちもあって、店のホームページには名前も写真も載せずに、彼以外の常連さんの予約だけを取って、また働きはじめました」

## ソープ三〇万、デリヘル四五万、男たちから二〇五万円

そもそも真理子がソープ嬢となったきっかけは何だったのだろうか。

「離婚してシングルマザーになったのがきっかけですね。手っ取り早く稼ぐには、やっぱり風俗の世界だろうと思って」

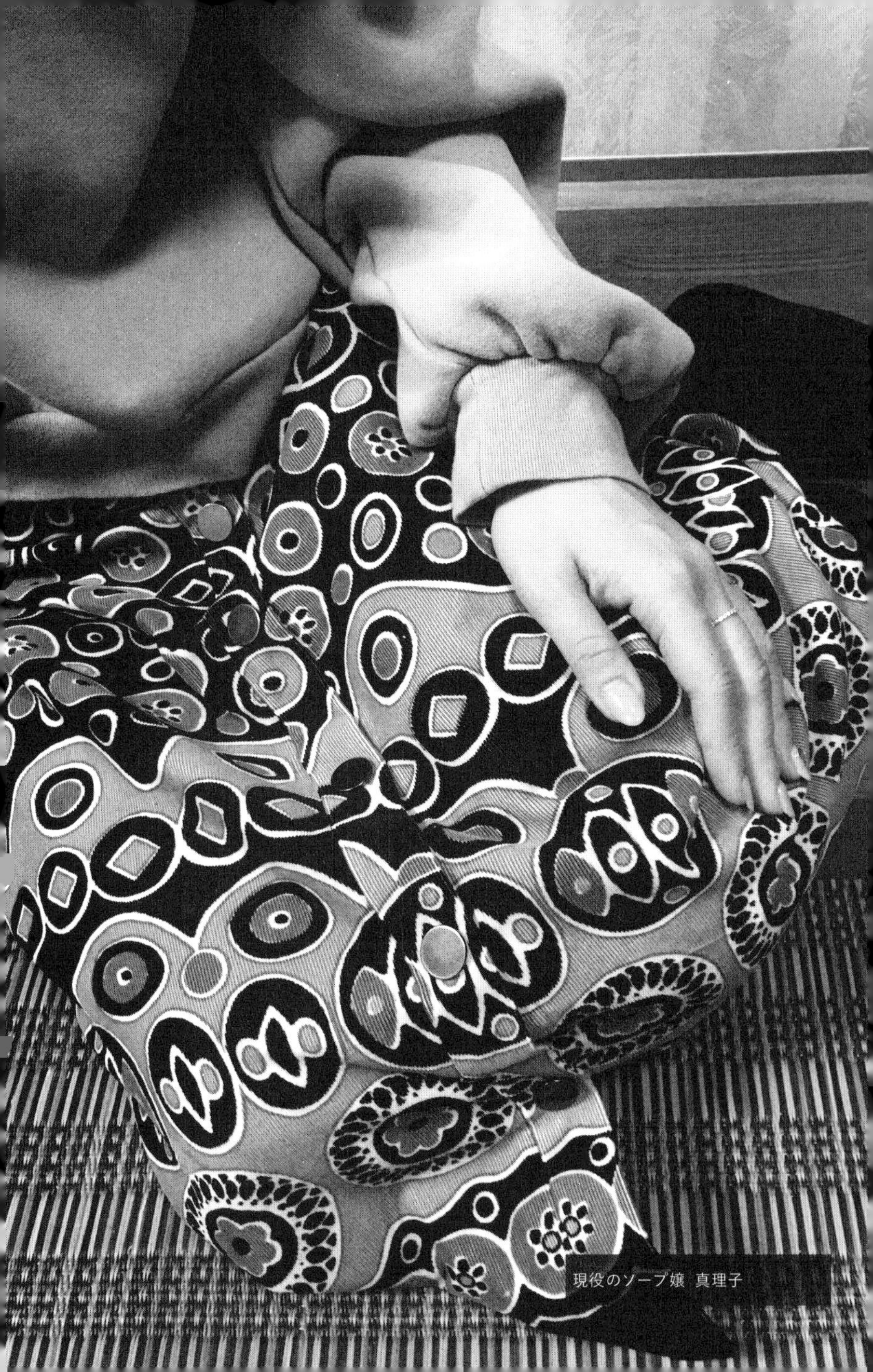

現役のソープ嬢　真理子

では、と離婚した理由について尋ねると、視線を落として小さく息をつく。さっきまでハキハキと話していた口調とは打って変わって、噛みしめるように訥々《とつとつ》と話しだした。

「DVです。元夫は中学時代の初恋の相手でした。専門学校を卒業して美容師をしているときに再会して、二十歳で結婚しました。付き合っているときから、ちょっと酒乱の気があるなとは思っていたんですけど、暴力を振るわれるようになったのは結婚してからです。三年ほどの結婚生活でしたが、最後のほうは毎日のように殴られていました。金属バットで叩かれることもあって。このままでは殺されると娘を連れて逃げ出しました」

つねに拳《こぶし》が飛んでくる地獄のような日々だったという。

「一度夕飯に牛肉のケチャップ炒めを出したことがあったんです。そのとき、何が気に入らなかったのか、突然ボコボコに殴られて。ほかにも、カツ丼をつくったらまた同じ目に遭ったりと、こちらの理解の範疇を超えていました。本人も悪いと思っているのか、殴ったあとでかならず謝ってくるんですけど、暴力は止まりませんでした」

話を聞いていると、これはある種の男性に典型的な行動パターンのように思えた。過度な緊張と緩和が繰り返される日々のなかで、そんな相手との共依存関係に陥ってしまう女性も少なくない。夫をきっぱり見限って離婚するなり、避難したりする判断や決断がつかなくなるのだ。

真理子も当初はなんとか夫婦生活を続けたいと思っていたが、元夫の暴力はひどくなる一方で、三年我慢したのちに離婚を選んだ。

娘の親権は彼女が持ち、水道工事の職人だった元夫は養育費を払うという約束だったが、一年ほどでそれも途絶えた。一緒に暮らしていた当時、免許を持たない彼のために車を購入して真理子が現場への送り迎えをしていたのだが、そのローンの残金二〇〇万円も彼女が払うことになった。

「離婚したあとは千葉の実家にいたんですけど、親のスネをかじるのは嫌だったんで、すぐ東京に出ることにしたんです。手元にお金はないし、でも払うものは払わなければいけない。学歴もあるわけではないですし、そうなると風俗で稼ぐということしか思い浮かばなかったですね」

それにしても、DV三昧《ざんまい》の末に養育費は無視、車のローンまで元妻に押し付けるとは、とんでもない男だ。彼女は表情も変えずに淡々と話す。すでに自分のなかで折り合いはついている、ということなのか。人間としての強さを感じずにはいられなかった。

精神的にも経済的にも追い詰められたとはいえ、風俗で働くことに抵抗はなかったのだろうか。

「最初はデリヘルだったんですけど、見知らぬ男の人の前で裸になるのは嫌でしたよ。でも、友達で働いているコがいたんで、なんとか続けることができました」

デリヘルでは月に六〇万円ほどの収入になったという。そのうち、吉原でならもっと稼げると知り、どうせ体をさらすならより大きく稼ぎたいと心を決める。

最終的には店でトップを張るまでになったが、吉原での仕事は苦労の連続だったという。

「ベッド、マット、ベッドと三回するのが決まりで、しかもデリヘルとはちがって本番をしないといけないじゃないですか。最初の日は、家に帰る途中で涙がこぼれました。それに、はじめはなかなか指名が取れなくて……。できる範囲でお客さんに恋人気分を味わってもらおう、特別なことをしてあげようと考えるようになってからは指名が増えましたけど。それでも、毎日LINEのやりとりをするのは楽じゃないし、仕事でキスしたことをふと食事中に思い出して吐いてしまうこともあります。肉体的にも精神的にもとてもつらい仕事です」

現在は、予約が入ったときだけ出勤するソープの仕事で月に三〇万円、仕送り三〇万円と合わせて毎月六〇万円の収入ということか。私が金額を確認しようとすると、真理子が言いにくそうに口を開いた。

「じつは、ほかにも『昼間の仕事がなくってたいへんだろう』とお金を送ってくれる人がいるんです」

このご時世でも、金のあるところにはあるようだ。

「それって、何人かいたりしますか」

「はい、ほかにも五人いて。その人たちの仕事については話せないですけど、五人分を合わせると七五万円になります。全部で月に一三〇万円以上になるので、以前フルにソープで働いていたときより多いですね。毎月お金を送ってくれている人たちには申し訳ないからソープに復帰したことは隠しているんです」

コロナ禍という風俗業界にとって未曾有の危機を逆手に取って、彼女は日々を乗り切ろうとしていた。コロナ自体がいつ収まるかだって誰にもわからない。母子ふたりきりの生活にいつどんな問題が起きるともしれない。それでも、いやだからこそ、自分と娘が生き抜いていけるようにと真理子は貯金を続ける。男たちの良心を利用している、と不快に思う人もいるだろう。しかし、むしろ私は、転んでもタダでは起きない彼女のしたたかさに感じ入った。

吉原にやってくる男たちについても具体的に聞いてみた。

この状況下で店に通う客には、何らかの変化や特徴はあるのだろうか。

「以前から来てくれているあるお客さんが、イソジンを持参してくるようになりました。どうするんだろうと思っていたら、尿道に直接イソジンのノズルを当てて、中に注入するんです。ある程度入ったところでおちんちんをぎゅっと握って、噴水みたいにピュッ、ピュッと出す。それを何回か繰り返していました。『これをやっておけば、コロナにも性病にもかからないから大丈夫』って。それまでは、そんなことをする人には見えなかったし、確かにイソジンでうがいはしますけど、尿道に入れる人なんて初めて見たから、びっくりしましたね。そこまでしてもやりたいんだなって、おかしくなりましたし、ありがたいなと思いました」

月に数回吉原で働き、また常連客だった男たちから仕送りをもらい、いまではコロナ以前の稼ぎの何倍もの現金を得ている真理子だが、以前より自由になった時間を使って、もうひとつ仕事をはじめた。

「家でのんびりするのが嫌なので、時間があるなら働きたいんです。前に吉原にいたときは、生理中しか休みませんでした。いまは月に四、五日しか吉原に行かないので、空いた時間はデリヘルに在籍しています。それなら吉原のお客さんともかぶりませんから。デリの収入はだいたい四五万ぐらいですね」

たくましい。国や行政からは見向きもされない日陰の仕事ではあるが、コロナ禍であっても体を張って働きつづける彼女に敬意すら覚えた。

## 梅毒とコロナ

新型コロナウイルスという厄災に大きな打撃を受けている吉原だが、考えてみれば、この遊廓は江戸時代のはじめに誕生して以来、病気とは切っても切れない土地であった。

少女たちは女衒《ぜげん》によって買い取られ、吉原へとやってきた。親に支払われるのは五両から十両。時代にもよるが、現在の価値で一両は一〇万円ほどだから、少女ひとりの売値は五〇〜一〇〇万円ということになる。

十八歳前後で客に水揚げされ、吉原で生きる遊女となる。約十年勤め上げ、二十代後半で年季明けとなるのだが、その前に客から身請けをされれば、晴れて吉原から抜け出すことも可能だった。ただ客と身請けの約束を交わしても、その約束はほとんど果たされなかったという。客が遊女を身請けするとなれば、遊廓の関係者などにも別途の金を払わなければならず、その額は現在の金で一億円以上とも言われた。

当時は「かさ」と呼ばれた梅毒などの性病で命を落とす遊女が多かった。梅毒でも死なずに遊女稼業を続けることができた者は「かさ抜け女郎」と呼ばれ、客から喜ばれたという。

たいがいの遊女たちは、病気になっても治療を受けることはおろか、満足な食事すらあたえられず、遊廓の地下室などに押し込められて死を待つほかなかった。華やかな遊廓の陰には、残酷な現実があったのだ。そんな境遇に嫌気が差して、間夫となった男と駆け落ちを試みても、大門のすぐ脇にあった四郎兵衛会所と呼ばれる自警団詰所の追手から逃れることはできず、たちまち遊廓へ連れ戻されたという。待っているのは、楼主や手下の男たちによる折檻《せっかん》だ。それで命を落とす者も少なくなかった。

吉原で死んだ遊女たちは、羅生門河岸のはずれに隣接する非人溜にいた非人たちによって簀《す》に巻かれ、投げ込み寺である三ノ輪の浄閑寺《じょうかんじ》へと運び込まれた。浄閑寺に葬られた遊女たちの平均年齢は二十歳そこそこで、その数は二万数千体に及ぶという。

運よく二十代後半で年季明けを迎えたとしても、遊女の身分に堕《お》ちた女たちに帰る故郷はなかった。吉原に残った者は場末の羅生門河岸などで一〇分《ぶ》（約一六〇〇円）ほどで体を売り、年季が明けて吉原を出た者は、幕府の許可を得ていない裏風俗地帯である岡場所に流れるか、宿場町で飯盛女《めしもりおんな》となるか、街娼である夜鷹《よたか》になるかくらいの選択肢しかなかった。しかも、歳を重ねるにつれ稼ぎも減っていく。どちらにしても遊女たちの末路はその多くが、奈落へと転がり落ちていくほかないものだった。こうなると、生きても死しても悲しい人生と言わざるを得ない。

多くの夜鷹が集まり、商売をした場所に四谷鮫ヶ橋と両国吉田町がある。吉田町には夜鷹の元締めがいて、夜鷹たちはその界隈を根城に江戸の町へと散らばっていった。丸めたゴザひとつを抱えた彼女たちが客に体を売る値段は、屋台の蕎麦と同じ二四文、約四〇〇円ほどだったという。

吉田町はとりわけ夜鷹が多かったようで、こんな歌も残っている。

安ものの鼻うしないは吉田町

当時、夜鷹は梅毒に感染している者がめずらしくなかった。梅毒にかかると鼻が落ちることからそう歌われたのだ。

江戸時代の有名な本草学者で男色家の平賀源内も梅毒持ちだったと言われているが、命の危険を冒してまでも男たちは女を買った。このコロナ禍でもイソジンを尿道に入れてまでソープ嬢を抱こうとする客の姿は、昔もいまも人間の本質が何も変わっていないことを物語っているではないか。

先述のとおり、最盛期には世界一の人口（約一〇〇万人）を誇った江戸の町に女性は四割ほどしかいなかった。未婚の若い女性に絞ればその数はさらに減る。それゆえ、つねに女性の需要があり、幕府が認めた色街である吉原以外にも百カ所以上の岡場所ができ、街々の辻《つじ》には夜鷹が立って春を売った。有効な薬もなかった当時、性病の蔓延は必然だった。

梅毒、そしてコロナと、いくら恐れても足りない病のリスクを知りながら、それでも男たちは女を買う。人の尽きせぬ欲望に、底というものはないのだろうか。世の中がどう進歩しようとも、悲しいまでの性への渇望はいまも昔も変わらない。

## 十歳から体を金に替えてきたフーミン

コロナ禍にあってもソープランドで体を売りつづける女性がいる一方、コロナ直前にソープ嬢を辞めて昼の仕事をはじめた女性もいる。このパンデミックによって、彼女の人生もまた大きく揺れ動いた。

「小学校五年生のとき、学校の帰り道で『お菓子をあげるから家に来ない？』と知らないおじさんから言われて、ついていったんです。そうしたら、『裸になったら一万円あげる』って言われて。そんなんでお金がもらえるならって、すぐに脱ぎました」

ためらいもなく十歳のときの話をしてくれたのは、四年前までソープランドで体を売っていたフーミン（三十一歳）だ。

現在彼女は、都内で小さな韓国料理店を経営している。当初、店の経営は順調だったが、新型コロナウイルス感染拡大の影響で、私が訪れた数日前からぱったりと客足が途絶えてしまったという。そうしたなかにあっても笑顔は絶やさず、朗らかな雰囲気が印象的な女性だ。しかし、その口から発せられる言葉はいずれも衝撃的だった。

「最初から、裸になることに抵抗はなかったんですか」

「そうですね。それよりもお金に対する執着心がすごかったんです。高校生になっても小遣い稼ぎで、そのおじさんの家にちょくちょく通っていました。アソコに指を入れられたりもして。『きみの処女は二十歳になったとき僕がもらうから、体を大事にしなさい』と言われましたけど、そのころにはもうデリヘルにいましたから」

飽くなき金への執着心。いったいそれはどこから芽生えたのだろうか。

「とにかく家が貧乏だったんです。母親はいつも泥酔してるし、お父さんは土日にしか帰ってこない。小学生のときからお小遣いなんてもらったことがなかったんです。友達はふつうに自分の小遣いで好きなお菓子を買っている。それが羨《うらや》ましくて、万引きをするようになりました」

万引きはどんどんエスカレートしていった。

「ドン・キホーテに行っては洋服だとか、お金になりそうなものをたくさん盗んで、それをフリーマーケットで売るようになりました。四年生でしたね」

九歳のフーミンは、それで月に一五万円ほど稼いでいたという。

その後、万引きより自分の体を使うほうが簡単に金を稼げると気づいた彼女は、一万円の対価としておじさんに体をもてあそばれることもまったく苦ではなかった。

中学生になると、テレクラや2ショットチャンネルなどで相手を探しては体を売った。稼ぎは月に約五〇万円。辞める理由がなかった。

高校に進学はしたが一年で中退。迷うことなくデリヘルに籍を置いた。

「最初は全然稼げなかったんです。月に一〇万円ぐらいでした」

店を替えようと考えていたころ、ホストの男からナンパされた。その男と付き合うようになり、彼が探してくれたデリヘルで働きだすと、それまでとは打って変わって客がつき、月収は一〇〇万円を超えた。それを待っていたかのように男はホストを辞め、ヒモになった。

「基本、毎日パチンコです。あるとき、いきなり投資をやると言いだして、私の稼いだお金をFXにぶち込んだんです。一瞬で二四〇万円が飛びました。それでも、その人のことが好きだったから、もっと稼がなきゃと思って必死に働いていましたね」

フーミンはさらに収入を増やすため、デリヘルから吉原の高級ソープに移った。ちょうどそのころ、ヒモの男と籍を入れた。

「結婚したら変わってくれるかと思ったんですけど、まったくでしたね。暴力がひどくて、これは無理だなと。籍を入れて半年ぐらいで離婚を切り出しました。最初は、『嫌だ』と言われましたけど、ある日聞いてもいないのに『おまえのために離婚してやる』と言うんです。ピンときて、こっそり携帯を見たら、ほかの女との間に子どもまでつくっていました。それで晴れて離婚できたんです」

離婚後もソープで働いていたフーミンだが、そこで前夫とは正反対の男性と出会った。

「お店のお客さんだったんですけど、ものすごくやさしい人で、彼とはほとんど喧嘩もしたことがなかった。神様みたいな存在だったんです。三年ぐらい付き合って母親にも紹介しましたし、結婚する予定でした」

精神的にも安定した日々が続き、ソープの仕事も辞めた。やりたいことが見つかったのだ。積み上げた預金から三〇〇万円ほどを引き出して、二〇二〇年秋、フーミンは小さな韓国料理店を開いた。

当然ながら、界隈の飲食店の集まりのなかでは前職のことは隠している。

「同業者の飲み会があったりするんですけど、軽い人が多いというか、愛人にならないかと平気で聞いてくる人なんかがいるんですよ。そんな人たちに、じつは風俗で働いていたなんて言ったら、どうなるかわかりますよね」

とはいえ、十代で身を投じた風俗業界からいざ離れてみると、新鮮な感覚の連続だった。

「夜寝て、朝起きて、生きてるって感じがしますね。風俗で働いていると時間の感覚も一般とはちがうし、重いものを背負った人も多かったから。ほんとに別の世界だったんだなって……」

自分ではじめた飲食店というあらたな商売にも馴染み、交際も順調だった。二〇二一年には結婚しようと彼とも話していた。

ところが、人生はうまくいかない。

つい数カ月前、男性がある日突然失踪してしまった。

「これまでの人生なんだったのかな、といまでも思います。すごいショックで。あの人がなんで失踪したのかはっきりさせないと、次に進むことはできそうにありません」

それでも、日々の生活は待ったなしだ。

「なんとかいまの仕事を頑張っていきたいですけど、コロナのおかげで飲食業じたいがどうなるかわかりませんからね。つらい世界ですけど、もしものときは風俗に戻るのもやぶさかではないです」

風俗は肉体と精神を酷使するハードな仕事だ。しかし彼女にとっては、いまも昔も何より手っ取り早く現金が得られる手段なのだろう。何の保証もないというリスクはある。でも、それはコロナ禍のいまとなってはある意味、飲食店も同じことだ。

小学生のころから体を武器に生き抜いてきたフーミン、三十一歳。この終わりなきコロナ禍に導かれて風俗の世界に舞い戻る日が、はたしてやってくるのだろうか。かようにコロナは女性たちの人生にさまざまな影を落としているのである。

# 第3章 クラスター発祥地、ススキノの夜

## コロナの猛威がはじまった街

長年利用してきた成田空港第一ターミナルの出発ロビーがまったく別の場所のように見えた。視界に入る人間は十人もおらず、がらんとした空間は巨大な倉庫のように感じられる。ここは本当にあの成田空港だろうか。

かつてチケットカウンターには多くの人が列をなし、ゲートの締め切り時間ぎりぎりにチケットを発券して危うく飛行機に乗り遅れそうになったこともあった。時計を気にしてやきもきしながら順番を待ったカウンターには、いまは誰も並んでいない。航空機の便名と行き先が表示されるはずの電光掲示板は黒く沈んだままだ。唯一目に入るのは、何をしているのか、カウンターで手持ち無沙汰げに立っている数人のオペレーターだけ。

二〇二一年の四月半ば、これから私は札幌に向かおうとしていた。

二〇二〇年二月二十八日、全国に先駆けて独自の緊急事態宣言を発令するなど、新型コロナウイルスの脅威にひと足早くさらされた北海道。なかでも注目されたのが札幌の繁華街スキノだった。雑居ビルの地下にあったライブバー「シング・シング・シング」で二月後半に感染者集団《クラスター》が発生、全国ニュースで何度も報じられた。

あれから一年二カ月、現在のススキノはどうなっているのか。その後、どのような影響を受けてきたのか。風俗嬢や夜の街の関係者に会って、直に話を聞きたいと思った。

成田空港を飛び立ったＬＣＣは小型機とはいえ座席のほとんどが埋まり、意外に混雑していた。客たちの姿を眺めると、若い男女の姿がちらほら目につく。観光らしい華やいだ雰囲気はなく、帰省客が大半なのかもしれない。

千歳空港に降り立つと、まだ春は遠いようで空気がひんやりとしていた。東京の二月ぐらいの体感温度だろうか。空港からはバスで札幌へ向かったのだが、観光客が減った影響だろう、便数はだいぶ減っていた。

北海道を訪れるのは昨年の一月半ば以来だ。中国・武漢で正体不明のウイルスが流行しているというニュースが流れはじめたころ、別の取材で来ていた。宿はススキノにあるシティホテルに取ったのだが、ホテルの朝食会場やススキノ周辺の通りは中国人だらけだった。街を歩いていると、大げさな話ではなく中国語ばかりが聞こえてくる。中国の地方都市を歩いているかのような気分だった。

## 中国人を北海道に呼び込んだ映画

そもそも北海道を訪れる中国人観光客が増えるきっかけとなったのは、二〇〇八年に『非誠勿擾《フェイチェンウーラオ》』という映画が彼の地で公開され、北海道ブームが起きたことにある。

同年十二月二十日付けの北海道新聞によれば、この映画は現代中国の男女の愛を描いたラブコメディーで、クライマックスに登場する阿寒湖《あかん》や能取岬《のとろ》などの美しい風景が感動を高め、映画を見た中国人から「北海道に行きたい」との声が続出。中国の旅行会社が「ロケ地巡りツアー」の検討をはじめたのだという。

国民的俳優の葛優《クォヨウ》と舒淇《スーチー》が主演ということもあり、正月映画の興行記録を更新。題名の『非誠勿擾』は、日本語に訳すと「本気で付き合える人を望む」という意味だ。中国では結婚相手を探すサイトなどでよく使われる言葉だという。ストーリーはこんな具合だ。米国に留学経験があり投資で億万長者となった中年男性が結婚相手をインターネットで公募し、知り合ったのがキャビンアテンダントの女性だった。不倫関係にある恋人との関係を清算するため、彼女はその億万長者と北海道へ旅に出る。それでも不倫相手への思いを断ち切ることができず、能取岬で自殺未遂を図ることになる。

こう書いていて、日本のテレビドラマ『北の国から』を思い出した。北海道のダイナミックな自然というのは、国境を超えて多くの人々を魅了して止まないのだろう。

この映画の影響は、思わぬ悲劇も生んでいた。二〇一七年八月にひとりで北海道を訪れていた中国人女性、危秋潔さんが遺体となって発見されたのである。彼女は七月二十五日に帰国予定だったにもかかわらず行方不明となり、四十日にわたる大規模な捜索の末に釧路市の海岸で見つかった。道警は、泊まっていたゲストハウスに遺書めいた手紙が残されていたこと、発見された遺体の検死結果から事件性はないと判断、死因は自殺として捜査を打ち切っている。

私の友人に、中国人の妻を持ち当地で日本語教師をしながら五年ほど暮らしていた笹山さんという人物がいる。彼は現在日本に住んでいるが、いまも中国への興味は持ちつづけており、『非誠勿擾』のこともよく知っていた。

「あの映画のおかげで北海道に行く中国人が一気に増えたと思います。そのうち観光だけじゃなく、土地を買ったりするようにもなってきました」

危秋潔さんが亡くなったことについてはこう語る。

「彼女は福建省の出身で、小学校の教師をしていたそうです。日本を自由に旅行できるほどの給料は教師ではもらえませんから、きっと以前から資金を貯めての念願の旅行だったんでしょうね。彼女が残していた中国版ツイッター『微博《ウェイボー》』への書き込みや写真も見ました。北海道では景色や寿司の写真を投稿していて、旅を楽しんでいたようです。当初は友人と行く予定だったそうですが、ひとりでも行くと決めるほど日本への思いがあったんだと思います。気になるのは、日本に来る二カ月ほど前に微博に残された、〝外出するだけで男と遊んでいると父親から疑われる〟という書き込みですね。中国では親への敬意は深く、こうした不満を漏らす投稿じたいがめずらしいというか、僕は見たことがありません。もしかしたら親子関係がギクシャクしていたのかもしれません」

あくまでも私見だが、ヒロインが自殺未遂をするというあの映画のストーリーが、彼女の死に少なからぬ影響をあたえたのではないかと思えてならない。

## コロナ感染の疑いから一年、ふたたびススキノへ

北海道経済部観光局の統計によると、映画の公開（二〇〇八年）前には、北海道を訪れる中国人の観光客は年間一万人から二万人台だった。それが二〇〇九年に個人用観光ビザが解禁されたもこともあり、二〇一〇年度には約一四万人に急増。二〇一八年度には年間約七一万人が訪れるほどになった。私がススキノで多くの中国人観光客を見かけた二〇一九年度（二〇二〇年一月）も、新型コロナウイルスの影響で最後は減速したものの約五九万人の中国人が北海道を訪れている。

あのとき、三日間札幌に滞在したのち都内へ戻った私は、一週間ほど経ったころから突然体調がおかしくなった。毎朝スクワットなど簡単なトレーニングをしているのだが、なんだか体がダルくて、やる気が起きない。疲れが溜まるとそんなことはあるものだが、たいがいビタミン剤を飲めば次の日にはすっきりする。ところが、いくら多めに飲んでもいっこうに体調がよくならない。

さらに数日経つと鼻が詰まりだした。この歳になって初めて花粉症が出たのかと思い、毎日鼻うがいをしたが治らず、体のダルさに加えて、夜になるとゴホゴホと深い咳《せき》が止まらず、

頭も痛い。ただ体温を測ると平熱で、頭の芯だけがずきずきと痛んだ。あまりの痛さに耐えかね、冷却剤を頭に当てて冷やしたほどだ。

仕事がないときはソファやベッドでずっと横になっている生活が二週間ほど続いた。そのころには、新型コロナウイルスに関するニュースが連日報道されていた。

二月三日に横浜港沖に停泊し、のちに船内で七一二名が感染、そのうち一三名が死亡したクルーズ船ダイヤモンド・プリンセス号の映像などをポカンとした頭で眺めていたのも、そのころだった。中国・武漢で発生したとされるウイルスが元凶であろうとの報道だった。乗員全員が下船したのは三月一日であった。

つい一カ月前に、その中国人が多数いた札幌に自分は滞在していたのだ。これまでに経験したことがないこのつらい症状も、コロナウイルスによるものなのではないかと思いはじめた。

帰京後三週目に差しかかったころ、ダルさが抜けない体に力をつけようと、花椒《ホアジャオ》をたっぷり振った麻婆豆腐をつくった。スプーンですくった麻婆豆腐を口に運ぶのだが、しかしまったく味がしない。風邪で味覚が鈍くなる経験はこれまでにもあったが、何の味もしないというのは初めてだった。そんな日々が一週間ほど続いた。

体調が悪化してから約一カ月経ったころから徐々に体のダルさが抜け、味覚もよみがえってきた。ようやく体調が元に戻ったのは三月初旬。その後、三月半ばに新型コロナウイルスに感染した阪神タイガースの藤浪晋太郎投手が、それが原因で味覚をまったく感じなくなったことを報道で知った。私は結局、抗体検査もPCR検査も受けていないので、いまとなっては実際に新型コロナウイルスに感染したのかどうか確かめようもない。ただ、いままでに経験したことがない種類のひどい病気を患ったことは確かだ。ふだんは風邪をひいてもビタミン剤で復調していた人間が、何年も服用していなかった風邪薬や頭痛を和らげる鎮痛剤まで服用してもダメだった。結果、全快するまでに一カ月以上を要した。

状況証拠しかないとはいえ、おそらく札幌で新型コロナウイルスか、少なくともそれに似た悪質な風邪をもらってきたことは間違いないだろう。

あの悪夢の日々から約一年後、私は千歳空港からバスで札幌の街に入った。ススキノに隣接したビジネスホテルで荷を解くと、早速街を歩いてみることにした。

一年ぶりに訪れた札幌は、同じ街とは思えないほど変貌していた。ススキノ入口の交差点にある有名なニッカの看板下は、前回訪ねたときは多くの人でごった返していたが、いまは信号待ちの人もまばらだ。いるのは居酒屋の客引きばかりで、「お店決まってますか?」と懸命に声をかけてくる。

なにより変化を感じたのは、ここは中国かと思うぐらいにあふれていた中国人観光客の姿がきれいに消えてしまったことだ。もう、どこからも中国語は聞こえてこない。

空白が目立つ風俗ビルの看板

ススキノの中心部を歩いてみるが、やはり人通りはまばらで、風俗ビルのテナント看板には空白が目立つ。多くの店がこのコロナ禍で影響を受けていることが見てとれた。

日本有数の繁華街がこれほどまでに閑散とした姿に、春先とはいえまだ冬のように冷たい夜気とも相まって侘しさを感じずにいられなかった。

## 薄野遊廓とススキノ

ここで、ススキノをはじめとする札幌の色街の歴史について触れておきたい。

歓楽街ススキノの歴史は明治時代初頭に置かれた薄野《すすきの》遊廓にはじまるが、それ以前の札幌の色街についてはあまり知られていない。

札幌の開拓が本格的にはじまるのは明治時代に入ってからだが、それ以前、江戸時代末期の札幌を生きた和人に、豊平川《とよひらがわ》のたもとに暮らした吉田茂八《もはち》という人物がいた。岩手県宮古出身の茂八は、いまより水量が多く急流だった豊平川の渡し守を箱館奉行から命じられた。のちに建設業で財を成した茂八は、大通公園近くに屋敷を構え長寿を全うしたというが、晩年については詳しくわかっていない。

江戸末期から明治にかけてぽつりぽつりと、開拓のため人々が流れ込んでくるようになると、現在の大通公園からほど近い南一条西一丁目付近に旅人宿ができはじめた。そこでは宿泊者に部屋を充てがうだけではなく、江戸時代の宿場町にあった飯盛旅籠と同じように娼婦を置き、売春もさせた。料理屋、茶屋、旅館などに見せかけたこうした私娼窟、いわゆる「曖昧屋《あいまいや》」が札幌の色街事始めといっていいだろう。

当時の札幌にいたのは街を拓くために方々からやってきた大工など、建設業に携わる男がほとんどで、娼婦の存在は彼らを引き留めるためにも必要とされた。そのため、公許を得ていない私娼たちも黙認されていた。札幌市街の規模が拡大するにつれ、現在の狸小路などにも私娼窟が形成されはじめたが、いつしか街なかにこうした旅人宿が目立つのは風紀上好ましくないということになり、薄野遊廓がつくられるにいたった。

初期に旅人宿ができたという南一条には今日では百貨店やホテルが建ち並び、札幌のメインストリートとなっているが、かつては売春を生業《なりわい》とする旅館が点在していた。

吉田茂八が生きた江戸時代末期から現代まで続いている薬局がある。開拓時代以来の店は札幌ではめずらしい。創成川《そうせいがわ》通りから近い場所で漢方薬を商う秋野総本店薬局だ。創業は明治五年、現在は六代目にあたる秋野幹人さん（五十九歳）が店を切り盛りしている。一九〇一年（明治三四年）の大火に耐えた蔵がいまも使われていた。

「初代は石川県の出身です。隣の富山は昔から薬売りで有名でしたから、何かしら縁があったのかもしれません。函館の薬問屋で働いていて、札幌に来たそうです」

店内には、かつて大阪の製薬会社から寄贈された古い薬の広告が吊るされていた。よく見ると、薬効は淋病と記されている。

「薄野遊廓も近かったので、性病の薬の需要があったようです。ほかにも労働者向けに体力増強のための朝鮮人参などがよく売れたそうです」

この店が薄野遊廓と深くつながっていたことを、なによりも如実に物語る広告だ。

薄野遊廓ができたのは一八七一年（明治四年）。ススキノはもともと薄《すすき》の生える野原だったからそう名づけられたとも、建設に携わった北海道開拓使の薄井竜之の苗字から一文字とって名づけられたとも言われているが、定かではない。

一八九一年（明治二四年）に記された『札幌繁昌記』によると、この地へ仕事を求めてきた男たちは、北の大地の寒さと侘しさに耐えられず、次から次へと逃げ出していったという。


此の地開闢の創め花の都の東男の職人ども、多く来ませしかと、未だ其頃は人家もなく、沢いて女もあらざれば殊更に冬の夜の肌寒く独寝の夢冷やかく、朧ろしに都の親戚思ひ出で、目にちらつきて仕事も手に着かず一人が逃ぐれば又た一人、一夜々々に竈減す。

札幌開発がはじまった一八七〇年（明治三年）には定住者は一三人にすぎなかったが、遊廓が完成した翌年には六二四人、翌々年には九一六人と人口が急増していく。そのうち遊女の数は三〇〇人ほどだったという。はたして、どのような女性たちが荒漠たる当時の札幌へとやってきたのだろうか。

札幌の郊外を流れる豊平川に「おいらん淵」という淵がある。断崖絶壁が迫るダイナミックな景色が広がっている。いまから十年以上前に訪ねたことがあるが、そこにあった説明板によれば、おいらん淵という名がつけられたのは、この場所で明治末期に吉原から身請けされてきた花魁《おいらん》が、聞いていた話とちがい札幌があまりに侘しい土地であったことに絶望し、着飾ったまま身請け先を抜け出して淵に身を投げた出来事に由来するらしい。

その話が事実かどうかはわからないが、薄野遊廓が開かれるにあたって、北海道開拓使東京出張所が品川で遊女屋を経営していた松本弥左衛門と城戸弥三郎に支度金を貸与し、遊廓経営にあたらせたことは事実だ。ふたりは東京から遊女を連れていき「東京楼」という妓楼を開いた。

その経緯から、薄野遊廓の遊女は品川で働いていた関東周辺出身の女性を中心に、前出の『札幌繁昌記』によれば津軽はじめ東北各地の女性も多かったという。なかでも庄内地方の女性が目立ったそうだ。その理由は、札幌開拓における桑園造成のために旧庄内藩士が多く入植したことにあった。

ちなみに、東京楼は不始末を起こして営業開始から四年で廃業した。政府から貸与された資金のうち約七六〇〇円が焦げ付き、これは帳消しにされたという。

薄野遊廓に登楼した客の多くは、日々身を削り開発に携わった職工たちだ。そんな荒っぽい男たちを相手にしなくてはならないうえに、慣れぬ風土にも苦労しながら、故郷に帰ることも叶わずこの土地で亡くなっていく女性が少なくなかった。

ススキノの繁華街から十分ほど歩くと豊川稲荷札幌別院という寺があり、境内には、遊女や水子を供養する「薄野娼妓並水子哀悼碑」という石碑がある。薄野遊廓の遊女や楼主たちによって勧請された寺なので、寺の周囲にめぐらされた玉垣には薄野遊廓の楼名などが刻まれている。長年の風雪で削られてはいるが、昇月楼や高砂楼という文字が読めた。

かつての薄野遊廓の面影はいまやススキノのどこにも残っておらず、強いていえば、この寺の玉垣と石碑にわずかにその名残をとどめるばかりだ。

境内の碑には、この地で息絶えた遊女たち個々の名前は刻まれていない。しかし、侘しい原野が広がるばかりだった明治初めの札幌に、開拓労働者を定着させる存在として薄野遊廓の果たした役割は大きい。そこで命をかけて働いた遊女たちは、言ってみれば、札幌発展の影の立役者でもある。

その流れのうえに今日のススキノがあるのだ。

## 最後の脱法売春地帯

札幌から遊廓は消えてしまったが、つい十年ほど前まで豊平川の岸辺には春を売る女たちの姿があった。過去形で言うのは、そうした女性が働く店がいまはもう存在しないからだ。カネマツ会館、五条東会館というカウンターだけのバーを装った店が、かつてそこにはあった。

おいらん淵の伝説が残る豊平川、どこかさびしさがただようその場所は、開拓時代さながらに薄の野原が広がる荒涼とした雰囲気に包まれていた。

私がカネマツ会館に足を運んだのは、摘発されてしまう直前の二〇〇八年の冬だった。

「遊んでいってよ」

会館の引き戸を開けて中に入ると、すかさず遣り手婆《ばばあ》が声をかけてきた。カウンターだけの店が細い通路をはさんで並び、それぞれの店先に若い女と遣り手が座っている。ふたり並んだその様はまるで親子のようだ。声をかけてきた婆の隣にいる娘は、北海道の出身で二十一歳だと言ったが、つい最近まで制服を着ていたのではと思わせるあどけない雰囲気だった。時給六二〇円で椎茸栽培のアルバイトをしていたが安い給料に嫌気が差し、ここで体を売りはじめたという。

気に入った女性を選んだら、カネマツ会館から歩いて三〇秒もかからない場所にあるラブホテルに行くというシステムだ。もともとは会館の上階にある小部屋を使っていたそうだが、摘発を逃れるため建前上は自由恋愛を装い、あるときからラブホテルを利用するようになったという。

私はカウンターの椅子に腰かけ、遣り手婆としばし話をした。温泉に行くのが楽しみなんだと目を細め、骨肉腫を患っているから、もってあと五年ぐらいかねとつぶやいた。そして、私が結婚していると知ると、「こんなとこで遊んじゃダメだよ」と言った。

それから間もなくして、ふたつの会館の灯は消えた。

私はススキノの交差点近くでタクシーを拾うと、両会館のあった場所を訪ねてみた。

「昔は賑やかでしたね。あたりにはたちんぼもいて」

行き先を告げると、タクシーの運転手さんが懐かしそうに言った。

着いた場所に両会館の痕跡は何もなく、いまは更地が広がるばかり。そんなさびしい様を目の当たりにして、当時遣り手婆から聞いた身の上話をふいに思い出した。

「もってあと五年ぐらいかね」

あれから、十年を超える年月が経っている。はたして、あのおばあさんは元気なのだろうか。

# 北のアニキときしめん屋

札幌到着の夜、私は北海道新聞でカメラマンをしている國政《くにまさ》さんと会っていた。彼とはもう三十年近い付き合いになる。北海道の取材ではいつもお世話になりっぱなしで、カネマツ会館のことを教えてくれたのも彼だった。日ごろから「北のアニキ」と呼ばせてもらっている。

「ヤギ、俺たちもずいぶん変わったのう。ワシもおまえも離婚して、それから再婚して、人生とはわからんもんだな」

私と北のアニキは、ススキノからほど近い場所にある、うまい羊肉を食べさせる焼肉屋の座敷で向かい合っていた。ふたりとも酒は飲《や》らないので、ガラナをちびちび飲みながらの会話である。

アニキの眼光は相変わらず鋭く、モヒカンにした髪の毛はピンと立っている。ただ、さすがに五十路にさしかかり、目元に皺《しわ》が目立つようになった。アニキの顔を見ながら、おそらくアニキも私の顔に重なった年月を感じているのだろうなと思った。

拙著『青線』（集英社文庫）でもアニキとのエピソードについては記しているが、出会いは東京・水道橋のある専門学校が主催していた文章教室だった。そこにモヒカン頭にアロハシャツで通っていたのが北のアニキだ。その後、アニキは北海道新聞社に採用されたのだが、いまにいたるまで当時と変わらぬ服装と風貌で現場に出つづけている。

講師だったルポライターの鎌田慧さんや書評家の故井家上隆幸さんによる講義の内容はほとんど覚えていないが、あの文章教室でアニキのような人物に出会えたことは私の大きな財産だ。

ちなみに、『青線』で触れたアニキのエピソードはこうだ。

族車仕様のカワサキZ2《ゼッツー》を愛して止まないアニキは、会社へもそのバイクで出勤していた。いつものようにアロハシャツにサングラスをかけ、Z2に乗って会社に現れた北のアニキ。新聞社の出入りをチェックする警備員が、忠実なる職業意識から、どこかの族が会社に押しかけてきたと思い、言い放った。

「ここは兄ちゃんみたいなもんが来る場所じゃないんだよ」

警備員はまったくもって真っ当な対応をした。

「何を抜かすんじゃ、ワシは道新の社員じゃぞ」

「嘘つけ、この野郎」

「これを目ん玉かっ開いて、よう見んかい」

チェーン付きの革財布から出てきたのは、まさかの北海道新聞社の社員証であった。この期に及んでも信じられない警備員は、上司に連絡を取った。騒ぎを聞いて現れた警備員の上司は北のアニキのことを知っていて、すぐさま不手際を詫びた。

北海道新聞の警備員は北のアニキへの対応を通過儀礼として一人前になっていくという。そんな新聞社のカメラマンが存在することじたい、このご時世、奇跡に近い。見た目と素行は怪しいが、写真の腕前は一級品であるがゆえに、いまも新聞社に身を置いているのである。


この話には後日談がある。『青線』に書かれたアニキのエピソードがにわかに信じられなかった読者から、北海道新聞に一本の電話が掛かってきたというのだ。

「どこの社かは聞いてないが、東京の出版社の編集者がうちの会社に電話してきたらしいんじゃ。『御社のカメラマンには本当にこのような人物がいるんですか』と。電話を受けたのが知り合いの記者でな、『青線』は読んでいなかったが、書かれている内容を聞いて、『あぁ、國政のことですね』と言ったんじゃ。ずいぶん驚いていたらしいぞ。ヤギが話を盛って書いたとでも思ったんじゃろ」

ほかにも、『青線』に登場したことで思わぬ出来事があったという。

「函館に赴任しとるときに、港のほうでイベントがあってな。脚立の上から写真撮ってたら、若い姉ちゃんからいきなり話しかけられたんよ。『北のアニキさんですか』って、そりゃびっくりしたぞ。聞いたら『青線』を読んだって言うんじゃ。それにしても、ヤギも立派になったのう」

笑い話がひと段落したところで、私たちはアニキの知り合いが経営しているきしめん屋に移動した。ススキノできしめんとはめずらしいが、広島出身の店主は、あごだしの風味が濃厚なおいしいきしめんを出してくれた。

きしめんを平らげたところで、店主の男性に昨今のようすを聞いてみた。

「七年前からこの場所で店をやっていますけど、こんな状況は初めてですよね。まさに前代未聞ですよ。どんどん飲食店が閉めていく感じです」

「風俗店の情報は入ってきますか」

「実際に店には行ってないですけど、以前ならうちの前の通りは、デリヘルの送迎車がびっしり止まっていたもんです。それが、いまでは一台か二台くらい。景気が悪いんだなって実感しますよね。それと、ススキノで見つかったクラスターは、あるライブハウスが第一号なんですけど、ちょうどその時期に、同じビルに入っていたおっぱいパブでもかなり感染していたみたいですよ。聞いた話ですけど、いちいちおっぱいを消毒するのを面倒くさがった女のコたちがそのまま接客して、一気に広まっちゃったみたいです。飛沫感染どころじゃないですからね。でも、これはニュースになってないんじゃないかな。だって、感染がわかった男性も、家族がいたりしたらどこで濃厚接触したかなんて証言しないですよね。感染経路不明っていうのは風俗が多いんじゃないですか」

幸いにも店主はコロナに感染せずにすんでいるが、小料理屋をやっている親戚には陽性反応が出たという。

「二〇二〇年の三月ですね。最初にクラスターが出たライブハウスと同じビル内で私の叔父が小料理屋をやっていたんです。はっきりとはわからないですけど、きっとお客さんの行き来があったんじゃないでしょうかね。叔父は七十代で、入院はしましたが重症化はせずにすみました。でも年齢も年齢なんでね、結局店を閉めてしまったんです」

ススキノで商売をしているからこそ入ってくる生の情報だ。このぶんだと、実際に発表された人数以上の感染者が出ていたことは間違いないだろう。

きしめん屋を出て、アニキの案内でライブハウスと店主の親戚の店が入っていたビルを訪ねてみた。ビル内の店はすべて退去してしまったのか、ひとけがまったくない。ビルの入口には「関係者以外立ち入り禁止」の張り紙があった。

## 自衛隊出身の人妻ヘルス従業員

今回、私がススキノで最初に話を聞いた風俗関係者は、ファッションヘルスの男性従業員だった。

これまでコロナ禍を生きる風俗嬢たちの声はいろいろ聞いてきたが、そこで働く店の従業員の生の声は聞いたことがなかった。風俗業界を支える裏方仕事を日々こなしている彼らは、コロナでどのような影響を受けているのだろうか。また、彼らの目にこの非常事態を生き抜く風俗嬢たちはどう映っているのだろうか。

北海道に入る前、北のアニキに相談すると、

「ヘルスで電話番をしているのがおるから、話を聞いたら面白いんじゃないか」

間髪容れず答えると、取材の段取りまでつけてくれた。

「五、六年前にヤフオクでバイクを買《こ》ぉたんじゃ。それから付き合いがはじまってな」

アニキの人脈の広さにはいつも驚かされる。

取材に応じてくれたのは人妻ヘルスの従業員、吉沢さんだ。店の営業が終わってから彼の車の中で話を聞くことになった。日付の変わった午前一時、ホテルで待機していると携帯電話が鳴った。

「お待たせしてすみません。いまから大丈夫ですので、ススキノに出てきてもらってもいいですか」

低音の落ち着いた口調で、まだ会ったことのない吉沢さんは言った。指定されたのは、コンビニの前だった。急いでホテルを出て、人通りもまばらなススキノを歩いて向かったが、送迎車らしき姿はない。こちらから電話をして居場所を尋ねると、想像していたものとはちがう小型のトラックがたしかにコンビニの前に止まっていた。

てっきり複数の風俗嬢が同乗できるようなバンで現れるのかと思っていたのだが、宅配便

会社が使うような配送車の中から、目鼻立ちのはっきりとした男性が手を振っていた。

バイクを積めるように高さのある宅配便の車を買い取り、車内を改造したのだという。なるほど、日ごろからヤフオクでバイクを売買している人物だけのことはある。バイクを置くスペースを確保するために助手席は取っ払われていて、代わりにパイプ椅子が置かれていた。

「すみません。その椅子に座ってください」

これまで紛争地や第三世界で、エンジンから煙を噴くようなポンコツ車、押しがけしないと走らない五十年以上前のカローラなど、なかなか日本ではお目にかかれない車に乗ってきたが、まさか現代のこの日本で、座席のない車に乗ることになるとは。なんだか新鮮な気持ちでパイプ椅子に座りながら、まだ会ったばかりの吉沢という人物に規格外の匂いを感じ、勝手に好感を持った。

「國政さんには本当にお世話になったんですよ。もうしばらく会っていないんですけどね。アニキはお元気ですか」

まずは、共通の友人であるアニキの話題からだ。アニキについて語り合っているだけで、吉沢さんが古くからの知り合いのような気分になるから不思議だ。

最近のススキノのようすをどう見ているのだろうか。

「全然、活気は戻っていないですね。ススキノにはもう十年くらいいるんですけど、コロナ前はこんな深夜でも人であふれていました。いまはほとんど誰も歩いていないですよね。こんな光景を見ているると違和感しか感じないです」

「風俗業界に絞ってみるとどうですか」

「やっぱり、かなり厳しいですよ。うちのビルには多くの店が入っているんですが、半分になっちゃいました。出張の人がいなくなったのがいちばん響いたんじゃないですか。ススキノには出張してくるサラリーマンをカモにしている風俗店も多かったから。近くに風俗店ばっかりが入ったテナントビルがあるんですけど、よそから来た人をカモにするぼったくりの店だらけで有名でした。四〇店くらいはそんな店があったはずですけど、このコロナで一〇店ぐらいになってしまいました」

「吉沢さんが働いているお店はどのような店なんですか」

「人妻ヘルスです。働いている女性は四十代から五十代。本当の人妻もいますし、そうじゃない人もいます」

二〇二〇年からの新型コロナウイルスで、実際店にはどんな影響が出ているのだろうか。

「まず女性が十五人やめました。コロナ前は一日に平均して百人ほどお客さんが来てくださっていたんですが、昨年の春に底を打ってから、いまでようやく三割減というところです」

「そうなると女性の収入にもけっこう影響は出ているんでしょうね」

「もちろんです。仮にお茶を挽《ひ》く日があっても、去年の十月までは一日一万円が女性に保証されていたんです。でも、その取り決めがなくなりました。一日にだいたい二十人以上の女性がお店に出てきますが、毎日ひとりはお茶を挽いてしまいますね。それで、辞める人が増えてきたんです。それでも、コロナ前と売り上げがほとんど変わらない女性も二割ぐらいはいますよ。ちゃんとお客さんを持っている女性は強いです」

「辞めた人のその後は？」

「ソープやデリヘルなんかに行ったみたいですね。そういう女性はもともとお客さんがあまりついてない場合が多いので、どこの風俗でも厳しいんじゃないかな。女性たちの家計までは知りませんが、うちの店は年齢層が高めなので、ご主人がいて昼のパート感覚で働いている方も少なくないんですよ。だから、風俗の稼ぎだけで生きている女性よりは切羽詰まっていないのかもしれません」

「なるほど。では、持続化給付金の不正受給の話なんかは……」

「その話は聞いたことがあります。詳しくはわかりませんが、受給額の何割かを仲介者にバックした形で受け取っているみたいですね」

吉沢さんは落ち着いた口調で淡々と話してくれた。話の合間に車窓のむこうに目をやると、歩く人の姿はさらに減り、繁華街の匂いはまったくただよってこない。

女性だけでなく、吉沢さんたち従業員にはどのような影響があったのだろう。

「自宅待機が増えて、出勤は週三日になってしまいました。固定給はコロナ前と変わらない額が補償されていますけど。でも、年に二回のボーナスが五分の一になってしまいました。

それでもまだ従業員は正社員なので、女性たちよりはましです」

「言いにくいかもしれませんが、お給料はいくらですか」

「月給は手取りで四〇万いかないぐらいです。風俗の仕事が週半分になったので、バイク屋でバイトをしたり、オークションで売ったりして年収は六〇〇万ぐらい。コロナ前とほぼ同じですね」

「ご家族は？」

「嫁と、子どもが三人います。嫁は昔ススキノのキャバクラで働いていたんですけど、いまでは専業主婦をしています」

ここで、吉沢さんが思わぬことを言った。

「五年ほど前に離婚の危機があったんですけど、國さんのおかげで回避できたんです。こう言われました。『子どももおることだし、早まっちゃいけんぞ。ワシは離婚しているから偉そうなことは言えんが、女っちゅうのは——こんなこと言っては女を馬鹿にしていると言われるかもしれんが、誰にしたってそう変わらんのよ。また誰かを好きになってくっついても、嫌なところが見えてくるもんじゃ。せっかくの縁なんじゃから少し我慢してみぃ』。その言葉で、なるほどと思って離婚を思い止まりました。そんなこともあったんで、國さんには僕の両親も恩を感じていて。いまでも親父は國さんと連絡を取り合っているみたいですよ。だから國さんの頼みは断れないんです」

そんなプライベートな話を聞いていると、彼が風俗業界に入るまでの人生についても興味が湧いた。

「高校を卒業してからは、まず自衛隊に入ったんですよ。兄貴も自衛官で、その生活ぶりを見ていて安定してるなと思って。千歳の陸上自衛隊で戦車に乗っていました」

彼のどっしり構えた雰囲気は、時と場合によっては命を投げ出さねばならない環境にいたことで培われたのだろうか。

「九十式戦車です。夏は暑くて冬は寒いですから、内部にいるのはたいへんなんですけど、仕事ですからね。きついと思ったことはなかったです」

「辞めた理由は何だったんですか」

「二年いましたけど、やっぱり身なりにはうるさい場所なんです。じつは自衛隊に入る前にタトゥーを入れていて、もちろんそんなのは禁止なのでずっと隠していたんですけど、隠しつづけていくのが面倒くさくなってしまって。それで辞めることにしました」

「その後はどうされたんですか」

「札幌に出て、理容店で働きはじめました。街を自由に歩いたり、飲みにいったり、自衛隊のときには味わえなかった解放感は最高でしたね。二〇〇万円ぐらい貯まったころ、友人がホストをしていたので、自分もやってみようかと思って。そうですね、あのころはいろんな仕事に興味がありました」

ホストの仕事では、人間のさまざまな面が見えたという。

「お客さんは昼職の女の子が多かったですね。二年ぐらいやりましたけど、ススキノっていう場所は人を信じられないところなんだと教えてもらいました。飲み代のツケが一〇〇万ぐらい貯まった女の子に四、五回飛ばれましたから。すべて自分の借金になるので、給料のたびに返していくんです。でも、お金を返すつらさより、正直、人を信じられないことのほうが嫌でした。またか……。ああ、また！　って。何度も飛ばれて、これはさすがに自分には向いてないいんだと思って辞めたんです」

その後はバイク屋で働いたり、家の修理から引っ越しまで何でもやる便利屋、ラーメン屋の経営もした。

「ラーメン屋は、函館から少し離れた田舎町でやってました。自分で言うのもなんですが、けっこう繁盛していましたよ。でも、ラーメンを食べながら本を読んだり、会計のときにお金を放り投げてくるような人がいて、そういう行為がどうしても許せなくて。我慢しなきゃいけないいんですけどね、それが理由で店をたたみました」

吉沢さんの真っ直ぐな人間性が伝わってくる話だ。そのような心根の男性だからこそ、人間の生々しさや本性がどこよりも露《あらわ》になる風俗店での仕事に向いているのかもしれない。

「実際にお客さんと多くの時間を接するのは、私じゃなくて女性ですからね。彼女たちとの関わり方というのが、この仕事の永遠のテーマなんじゃないかなと思ってます。私の失言ひとつで彼女たちのモチベーションを下げてしまうことも、またその逆もあります。だから、普段から丁寧にコミュニケーションを取るようにしています」

さまざまな仕事を経験してきた吉沢さんならではの言葉だった。風俗業界での仕事がこれまでで最長の十年に及んでいる理由も、わかる気がした。

礼を言ってインタビューを終えると、吉沢さんが車のエンジンをかけて言った。

「ちょっとススキノを走ってみましょうか。うちの店が入っているビルも案内しますよ」

少し走ると、そのビルの前で車が止まった。パネル式の看板には、たしかに空白が目立つ。ぼったくりの店が多いというビルにも行ってもらったが、輪をかけて居並ぶ看板は白地だらけだった。

車はススキノのはずれにあるラブホテル街へ入った。通りの両側にホテル群が続いている。

「この通りは、コロナ前にはいつもずらりとデリヘルのバンが並んでいましたけど、今夜は二台しかいないですね」

取材の足しになればと、吉沢さんは問わず語りにコロナ前と後のようすについて教えてくれる。そのさりげない気遣いに心の中で頭を垂れた。

ラブホテル街からススキノの中心部に戻ってくると、

「この交差点には毎晩客引きがずらっと立っていて、喧嘩もしょっちゅうでした。でも、コロナが流行ってからは一度も喧嘩を見てないんですよ。おかげで街が穏やかになって、清々《すがすが》しく感じている部分もありますね」

そう言って、しばし間を置いてから、

「でも、やっぱりさびしいですね」

と、吉沢さんはつぶやいた。

## 水商売を支える花屋

ススキノの風俗店やキャバクラなどに厳しい状況が続けば、それらの店とつながりのあるビジネスにももちろん影響が及ぶ。おしぼりを納入する業者や花屋などもそれに該当するだろう。

私が話を聞いたのは、二十年ほど前から営業を続けている一軒の花屋だった。小さな店構えだがススキノの入口ともいうべき好立地にある。経営者は五十代の男性。二〇二〇年のパンデミック当初よりは少しだけ景気が上向いてきたとのことで、花束などをつくるせわしない作業の合間に時間をもらった。

「この場所で開店して、一から関係を築いてやってきましたけど、今回のコロナで受けた打撃はいままででいちばん厳しいですね」

「買っていくお客さんは、やはり水商売の方々が多いんですか」

「そうですね。主にホストクラブやキャバクラが中心で。いちばん苦しかったのは去年の四月ですよ。ほとんどのお得意さんが休業してしまったので、売り上げがいいときの五分の一になってしまいました」

「そのときはどうやってしのいだんですか」

「雇っていたアルバイトの方に辞めてもらうしかありませんでした。正社員の方にも四月から十月ぐらいまでは月に一〇万円のお給料を出すのが精一杯でしたね」

ただ、コロナ以前から販路を一般向けに広げはじめていたことも奏功し、なんとかこの窮地を耐えることができているという。

「ススキノには、緊急事態宣言が出ていても営業を続けている店があるんですよ。いわば闇営業ですけど、そうした店が注文してくれたり。あとは札幌近郊の葬儀場だとか、新規開店する飲食店さんなんかと取引をさせてもらって、低空飛行ではありますがギリギリやれてます。ススキノのニュークラブで女のコの誕生日でもあれば、ひと晩で三〇万円から四〇万円の売り上げになるんですが、一般のお店だと、よくてその三分の一。配送のガソリン代と時間もかかるから、利益は少ないですよ」

変異を続ける新型コロナウイルスの感染には終わりも見えず、不安は尽きない。一日も早く終息してほしいと男性は言った。

「うちの店でいちばん大事な書き入れどきは年末なんですよね。それまでになんとか収まってもらいたいです」

## 元銀行員のソープ嬢めぐみ

ススキノでは、多くの風俗店や飲食店がコロナ前の活気を取り戻せていないようだ。尋ねてみると、どの経営者も「これまでで最大の危機」だと言う。

一方で、実際に働く側の風俗嬢たちはどんな状況にあるのだろうか。吉沢さんが、よく知るススキノのソープランドで働くめぐみ（三十歳）を紹介してくれ、さっそく取材の約束を取りつけた。午前中の出勤時間前に一時間ほど時間をくれるという。

翌朝午前九時に、地下鉄すすきの駅の改札口に向かった。スーツ姿の会社員が急ぎ足で通りすぎていくなか、いかにも夜のネオンが似合いそうな黒いロングコートをまとった背の高い女性がむこうからやってきた。彼女がめぐみだろうと思ったが、念のため吉沢さんから聞いていた携帯電話を鳴らしてみた。

すぐに、その女性が電話を取った。話しながら近づいていくと、彼女もこちらに気がついたようだ。「はじめまして、よろしくお願いいたします」

お互いに頭を下げて挨拶をすませると、さっそく改札から歩いて数分の喫茶店に向かった。

コロナの影響なのだろう、店内には私たちの姿しかなかった。誰もいないほうが取材の内容からしても好都合ではあるが、なんとなくさびしい気分になる。

「昨年からのコロナで、お仕事もたいへんでしたでしょうね」

「去年は一月の売り上げがすごくよかったんですよ。でもコロナが流行りだしてから一気に落ち込んで、五月が最悪でしたね。コロナの前は平均して月に一五〇万ぐらいは稼いでいたんですけど、約半分になりました」

そこまで落ち込んだことはかつてないという。ただ裏を返せば、このコロナ禍でもソープランドに来る客がゼロになることはけっしてないということだ。半分程度の落ち込みですんでいることのほうが、私にはある意味驚きだった。

「関係ない人には関係ないんですよ。そういう人たちは、風邪ぐらいにしか思っていないんじゃないですかね。お店の女のコも毎月抗体検査を受けていますけど、それ以外にはとくにコロナ対策はしていないです」

二〇二〇年一月は景気がよかったという彼女の話を聞き、私は中国人観光客であふれかえった当時の札幌の街のようすを思い出した。めぐみの店は、外国人の客も迎え入れていたのだろうか。

「うちの店は女のコしだいですね。私は日本語が話せる外国人ならオッケーしていました。中国や韓国などアジア人がほとんどでしたけど、日本に住んでいるイギリス人のお客さんもいましたよ」

「ちなみに、料金はいくらなんですか」

「フリーのお客さんで六〇分一万三〇〇〇円です。それにネット指名で二〇〇〇円、本指名で三〇〇〇円のプラスです」

「めぐみさん以外の女性たちも、仕事に支障は出ているんでしょうね」

「基本的には店で顔を合わせることはないんですけどね。うちの店は七十人ぐらい女のコがいたんですけど、稼げなくなって辞めたのは二十人ぐらいじゃないですか。新しく入ってくる人も多かったですけど、たいていは長く続かないんです。簡単に稼げると思って来るんでしょうけど、そもそも新規のお客さんが減っているから、以前よりもずっと厳しい状況なんです。だから、入れ替わりがほんとに激しい一年でした。お客さんが減って、女のコはみんなピリピリしている感じですね」

「身近で生活が厳しい状況にある女性はいますか」

「もともと同じソープで働いていて、店長だった人とコロナが流行るだいぶ前に結婚した女のコがいるんですけど、DVがひどくてコロナ期間に離婚してしまったんです。それで生活のために風俗に復帰したんですけど、ブランクがあるから指名もつかなくて、一日出ても一万円にもならず、月に二〇万稼ぐのがやっとだと言ってました」

なるほど。ふつうに考えればやはり風俗嬢がいちばんダイレクトにコロナ禍の影響を受けているはずで、いかにもたいへんそうな話だ。めぐみはコロナで減った収入でどうやりくりしていたるのだろうか。

「最近になって、やっとお給料が一〇〇万を超えるまでに戻ってきましたけど、まだまだコロナ前のようにはいきませんね。なので、パパ活の真似事のようなことをしています。一応お店ではお客さんと直接会うことは禁止されているので、こっそりと」

「それは、具体的にはどのようなことをするんですか」

「直接会ってデートをするのは地元のお客さんだけですけど、本州のお客さんはコロナのせいで札幌までは来られないから援助だけしてもらってるんです。コロナで働けないと言うと、お金を送ってくれるんですよ。何人かのお客さんに声をかけたので、平均して毎月一〇〇万円ぐらいになりますね。一度に六〇〇万円送ってくれた人もいます」

いったいどんな人物が会うことすらなくそんな大金を……。聞けば建設会社の社長だという。それだけの援助をしてもらえていれば、何も言うことはないだろう。

吉原のソープ嬢真理子もコロナ禍をしたたかに生きていたが、遠く離れたススキノでも同じような話を聞くこととなった。転んでもタダでは起きない女性がここにもいた。

めぐみはどのような経緯からソープランドで働くようになったのだろうか。風俗業界に入る前は何をしていたのか聞いてみると、出てきた言葉は思わぬものだった。

「高校を卒業してから地元の銀行に六年八カ月勤めていました。いたってふつうに働いていたんです。窓口でお客様の口座に入金したり、保険を売ったり。楽しい仕事ではなかったですよ。一度、別の人の口座に一三〇〇万円を間違えて振り込んでしまうミスをして、それはたいへんでした。入行三年目ぐらいだったか、同期と後輩に『楽しいから』とホストクラブへ誘われて試しに行ってみたら、ハマっちゃったんです。銀行の窓口業務はサービス業でもありますから、日々のストレスが溜まっていたのかもしれません。ホストにやさしくされて悪い気はしなかったです。それ以来お給料の大半をホストクラブに注ぎ込みました」

「行こうという気になったということは、もともと興味はあったんですか」

「ええ。私が中学ぐらいのとき姉がホストクラブに通ってたんです。『楽しいホストの遊び方』とかいうＤＶＤが姉の部屋にあってそれを観たら、自分もいつか行きたいなと思うようになって」

ホストクラブ通いがはじまると、しかし高卒一般職の給料だけでは全然足りなかった。

「銀行では手取りで一八万円ぐらいしかもらえなくて、もっとお金を稼ぐため風俗で働くことに決めたんです。ホストクラブに連れていってくれた同期と一緒に、ヘルスの面接に行きました」

「その仕事を選ぶことに抵抗感はなかったですか」

「まったくなかったですね。本当に軽い気持ちではじめました。平日は銀行に出勤しながら、土日だけヘルスで働いたんですけど、それだけで銀行の月の給料を上回ってしまうんです。

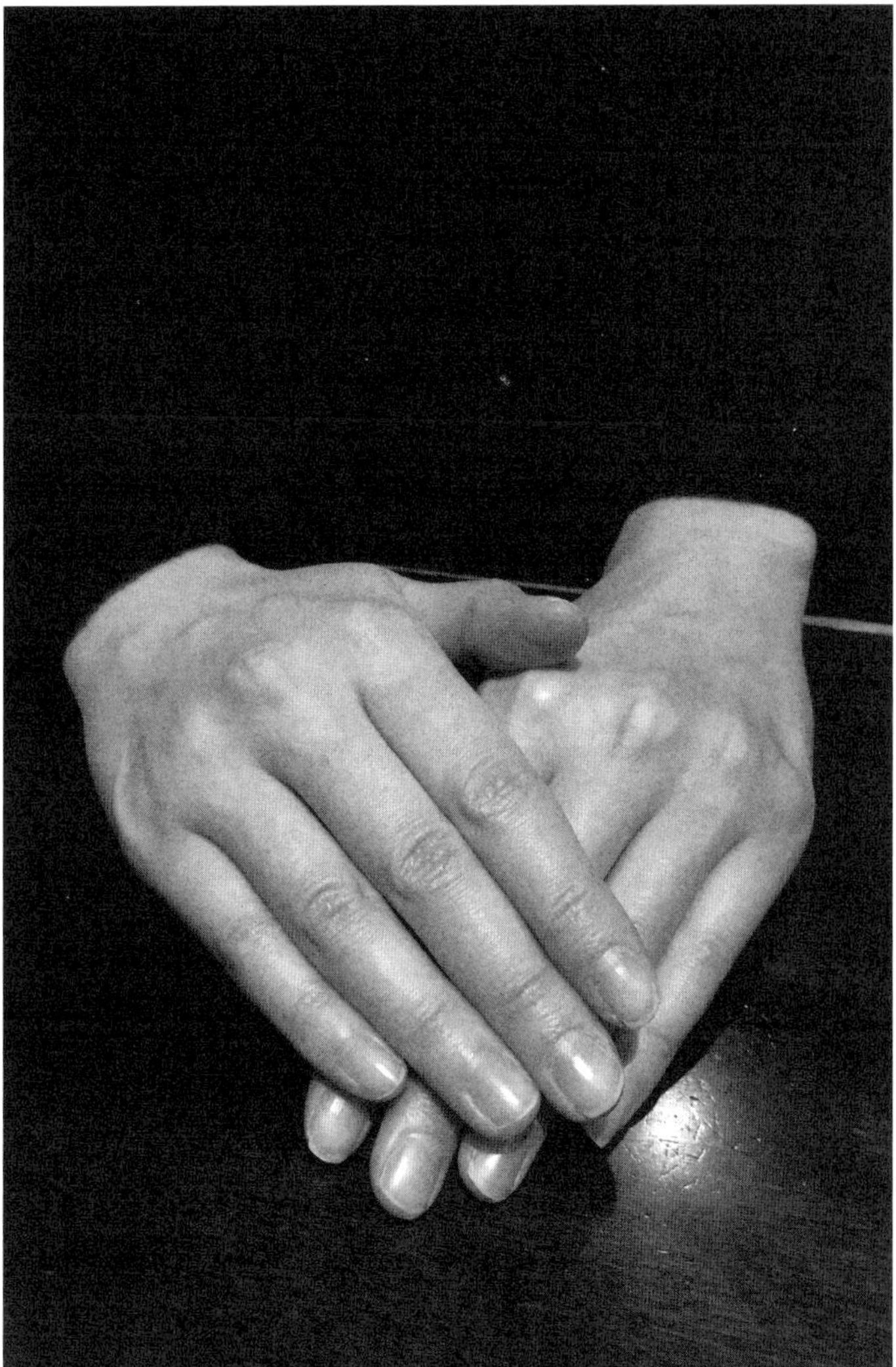

お金ってこんなに稼げるんだって、楽しい気持ちでした。ホストクラブにも気軽に行けるようになって、毎日充実していました。二カ月ぐらいヘルスで働いたあと、もっと稼ぎたくなってソープに移ったんです。そんな生活を三年ぐらい続けて、銀行を辞めました」

「辞められた理由を聞いてもいいですか」

「銀行は上司との飲み会だとか人間関係が面倒くさいんですよ。風俗だともっと自由に働けるし、いちばんはもっと稼ぎたいなと思ったからです」

風俗に身を置いてから七年目、銀行を辞めて丸三年が経った。自身の決断に悔いは残していないのだろうか。

「やっぱり、ちょっと後悔はしてます。銀行は辞めなくてもよかったかなって。いまの仕事じゃあ履歴書には何も書けないですから。銀行の給料は安いですけど、とりあえず安泰ですしね」

「そういえば、いま恋人はいるんですか」

「はい、ススキノのホストと二年三カ月前から一緒に住んでいます」

「差し支えなければ、どんな方か教えてもらえますか」

「関東出身の二十五歳です。ススキノで働くと言う友達に付いてきたみたいです。でもいちばんの理由は、父親のもとを離れたかったからでしょうね」

「その理由については聞いていますか」

「お父さんが厳しいらしくて、小さい頃ひどい虐待を受けていたって。ご飯を出してもらえなかったり、暴力もしょっちゅうでいつも痣《あざ》だらけだから、プールの授業は出たことがないって言ってました」

小一時間ほど話を聞いただろうか、「そろそろお店に出ないと」とめぐみは席を立ち、軽く会釈をすると喫茶店を出ていった。その後ろ姿を眺めながら、私は最後に話してくれたボーイフレンドと彼女の暮らしに思いを馳せた。初対面の私が何を感じようが彼女にはいっさい関係のないことだが、とにかくふたりの幸せを願わずにはいられなかった。

## 大通公園の青空

帰りのフライトまでだいぶ時間があったので、散歩がてら札幌大通公園に立ち寄った。広がる青空には雲ひとつなく、朝のひんやりとした空気が残っていて心地いい。

大通公園は、東京オリンピックのマラソンと競歩競技の発着地点となった。東京での猛暑を避けてレースをおこなう場所として、二〇一九年末に決定したのだ。

今回のオリンピック開催をめぐっては、数々のドタバタ劇が繰り広げられた。新型コロナウイルス感染症対策分科会の尾身茂会長が言っているとおり、感染が収まっていない時期に世界じゅうから多数の選手や関係者を受け入れてオリンピックを開催することは、ありえない話だと私も思っていた。

各種の調査によれば、国民の約八割までもが中止や延期を求めていた。そんな状況で開催する意義とは何か。政府や東京都はなんら明確な説明をしていないし、する気もないようだ。そのことが逆に、数多の利権や選挙対策のために、是が非でもオリンピックを開催させたい政治家たちの思惑を浮かび上がらせているように思えた。

八十一年前に開催される予定で幻に終わった一九四〇年の東京オリンピックは、一九三六年にナチス政権下のドイツが国威発揚に利用したベルリンオリンピックから大いに影響を受けていた。日中戦争の泥沼化により実現しなかったが、オリンピックというものが戦前からすでにスポーツの祭典という口上の裏で、政治と深い関わりを持っていたことをよく物語っている。

今回の東京オリンピック・パラリンピックはそれだけでなく、商業主義という側面も色濃く影を落としていた。聖火リレーを先導して走るトヨタやコカコーラといったスポンサー企業のド派手なトラックの姿がメディアで報道されたが、じつは誰のためのオリンピックなのかということがまさしく白日の下にさらされたといえるだろう。

国民の意思や安全などおかまいなしに国家や企業がオリンピックに突き進む姿を見ていると、自分の身は自分で守らなければと心から思う。そう考えると、行政に頼ることなく、丸裸の我が身を売ってしたたかに生きている娼婦というものは、じつはこうした非常時にとても強い存在なのかもしれない。

コロナ禍に露呈した社会の混乱は、オリンピックの欺瞞性ばかりでなく、さまざまな既存システムの脆弱さを映し出した。困ったとき、苦しいときに助けてくれない国、為政者たちをはっきりとこの目で見、空虚な絶望感と怒りを感じた人々が私自身も含め、たくさんいるはずだ。しかし、コロナや国がどうであろうと、人は生きていくために金を稼ぎ、飯を食っていかなくてはならない。

その意味で、この混沌《カオス》をもっとも力強く泳ぎ切ろうとしているのは、端から誰の助けも頼れず、自分の知恵と体だけを武器に世の中を渡ってきた、めぐみや真理子のような風俗嬢たちなのではないだろうか。

人類最古の職業といわれる売春は、このコロナ禍に匹敵する、あるいはそれ以上の困難をも乗り越えながら、人間の歴史とともに世界じゅうで連綿と続いてきた。身ひとつで世を渡る娼婦たちは、人間が人間であるかぎり消えることはないだろう。

大通公園のベンチから仰ぎ見る今朝の札幌の青空のように、彼女たちがなんだかとても清々しい存在のように思えてくるのだった。

# 第4章 伊香保温泉とタイ人娼婦

## 売春を強いられたカンボジア人女性

群馬県の伊香保《いかほ》温泉は、織田信長の鉄砲三段撃ちで知られる長篠の戦いに従軍した武田方将兵たちの心と体の傷を癒すために整備された湯治場だ。それから四百五十年近い年月を重ね、行き交う人々の装いは変わっても、県内有数のこの温泉に魅了される庶民の心は変わらない。

二〇二〇年十二月、新型コロナウイルスの流行は続いていたが、歴史を刻んだ目抜き通りの石段には多くの観光客の姿があった。三百段以上あるというゆるやかな石の階段は夜になるとライトアップされ、冬の夜気を縫って温泉宿から流れ込んでくる湯けむりが旅情を掻《か》き立てる。そんな景色に身を置いていると、このまま温泉にでも入ってのんびりしたい気分になってくる。しかし、私が伊香保にやってきた目的はほかにあった。

古くから温泉郷には、湯治客に春を売る「湯女《ゆな》」（遊女）たちがいた。鎌倉時代、有馬温泉にはじまり全国に広まったといわれている。伊香保温泉にももちろん湯女がいて、江戸時代には「餅売湯女」と呼ばれていた。

明治時代になると、県令によって廃娼県となった群馬県から遊廓は消えたが、代わりに「乙種料理店」と呼ばれる私娼を置いた曖昧屋が各地にできた。伊香保温泉にも乙種料理店が軒を連ね、湯治客に春を売っていた。戦前・戦後には、この石畳の両側に私娼を置いた店がずらりと並び、一九五五年に出版された渡辺寛著『全国女性街ガイド』の復刻版（カストリ出版）によれば、百人ほどの娼婦がいたという。高度経済成長期を経て、伊香保は外国人娼婦たちが春を売る場所としても知られるようになったが、二〇〇〇年代に入って摘発が相次ぎ、彼女たちの姿をあまり見なくなったとも聞いていた。

私が伊香保を訪ねたのは、このコロナ禍に外国人娼婦たちがまだいるとすれば、どうやって生きているのだろうという素朴な興味と、数年前に起きたある事件の背景を調べたかったからだ。

二〇一七年十一月から十二月にかけて、伊香保温泉のスナックで就労資格のないカンボジア人女性七人に売春を強要した日本人男性ふたりとタイ人女性ひとりが、入管難民法違反の容疑で逮捕された。産経新聞によると、日本人の男二名は伊香保温泉にある店舗不詳の風俗店で、タイ人の女は沼田市内の飲食店「ＧＯＬＤ」でカンボジア人女性たちに売春をさせていたという。

この小さな記事が私の脳裏に刻み込まれたのは、売春を強いられていた女性がカンボジア人だったからだ。経済発展の遅れた東南アジアの国から、いかなる事情でこの温泉町へやってきたのか、私には他人事に感じられなかったのだ。

そもそも私が色街や売春の取材をはじめたのは、二〇〇〇年代初頭に多くのタイ人やコロンビア人の娼婦がいた横浜・黄金町だった。当時、外国人の娼婦が点在した地域はほかにも多く、東京の新宿や大久保、茨城・土浦、長野県・佐久《さく》、静岡県・伊豆長岡、今回訪ねた群馬県・伊香保、そして「売春島」と呼ばれる三重県・渡鹿野島《わたかのじま》などが有名だった。

しかし、日本各地の売春地帯で違法に春を売っていたタイ人の娼婦たちは、摘発や長引く不景気のため次第に減っていき、二〇一五年ごろにはほとんど姿を見なくなった。

黄金町でタイ人娼婦たちと出会ってから二十年近くが過ぎ、同じような売春地帯でカンボジア人女性が売春をさせられていた事実を知って、私はある種の感慨を抱かざるを得なかった。しかも報道によれば、カンボジア人女性はタイ人女性の経営するスナックで働かされていたというのだ。

一九九〇年代、一般の東南アジアや南アジアの人々が日本の観光ビザを取るのは極めて難しかった。ネパールを旅したときには、貧相な身なりの大学生だった私に、父親ほどの年齢の男が『日本に行くための保証人になってくれないか』と言い寄ってきて、しつこく付きまとわれたことも一度や二度ではない。私の泊まっていたゲストハウスまであとをつけてくる者もいた。それほど当時の日本は、数年苦労して働きさえすれば母国で夢のような暮らしが約束される国、まさに黄金の国《ジパング》だったのだ。

黄金町にいたタイ人女性たちのほとんどは、タイの旅行会社と結託した日本人から、または日本在住タイ人のブローカーから観光ビザを手配してもらい、五〇〇万円ほどの借金を背負って日本に入国していた。その金額は、ビザを手配するタイ側の業者、日本のスナックや売春地帯に売り飛ばすブローカー、そして受け入れた店などが、旅費にそれぞれの法外な経費を上乗せしたものだ。

私が出会ったタイ人娼婦の多くは、その不当な借金を半年ほどで完済すると、あとは自分が働きたい土地を選んで流れていった。借金は消えても就労資格がないため、陽のあたるところでは働けない。必然的に向かう場所は各地の売春地帯ということになる。捕まれば強制送還。しかし、それほどのリスクを背負っても、うまくいけば母国で得られない大金を持ち帰ることができた。

イサーンと呼ばれるタイ東北部の農村地帯を歩いたとき、日本で娼婦として稼いだ女性の建てた豪邸を目にしたことがある。立派なチーク材が惜しげもなく使われたその家は、簡素な板葺きの地元住民宅とは別世界の豪華さだった。

## めざましい経済成長を遂げたタイの二十年

タイで日本への出稼ぎが活発になったのは一九八〇年代のこと。この現象を生み出した構造的な要因は、農業のあり方の変化が大きい。

イサーンを中心としたタイの農村は一九六〇年代に入ると、それまでの稲作中心の農業から、換金作物であるジュート（黄麻）などにも手を広げるようになった。あらたな耕作地が開発されていくにつれ、農村の人口も増えていく。そして、食糧にならない換金作物の栽培が拡大すればするほど、自給自足の生活スタイルは成り立たなくなっていった。生活習慣が大きく変わった農村の人々は、現金を稼げる仕事を求めて都市部へ流れていくほかない。

タイ社会で国際的な経済活動が推し進められるにつれ、バンコク周辺に進出した工場はもちろん、遠く中東などへも人々は出稼ぎにいくようになった。手に入れた現金で買うのは、テレビなどの家電製品や車だ。こうして農村社会で現金への欲望が急速に高まっていった。

出稼ぎと売春が決定的に結びつく契機となったのは、ベトナム戦争だった。バンコクやパタヤ、そしてベトナムへと空爆に向かうＢ52が飛び立つ基地のまわりに米兵相手の色街が形成されたのだ。イサーンをはじめとする農村地帯の女性たちが現金収入を求めてそこに集まり、彼女たちが得た金によって、かつての農村社会は完全に過去のものとなった。現金なくして農村社会は回らなくなったのだ。

米軍が去った後、七〇年代後半から八〇年代以降には、観光客相手の「セックスツーリズム」が全盛を迎える。そして、さらなる現金を求める女性たちが日本をめざすようになった。

現金の魔力とは、いったい何なのだろうか。彼らの取材を続けていると、そのことをつねに考える。私を含めて、いまを生きている日本人の多くは、生まれたときすでに家には電気と水道が通り、家電製品も当たり前のように存在している。もはやこの日本では、それらを手に入れるためしゃにむに働こうといったハングリー精神は死語の部類だ。はっきり言ってしまえば、モノがあふれた日本で生まれ育った私には彼女たちの気持ちを理解することは難しい。ただ、これまで取材で世界の農村地帯を歩いてきた経験から、彼らの思いを多少感じ取ることはできる。

かつて、電気も水道もないネパールの農村で、「日本は発展していていいな」と何度も言われた。その言葉を聞くたびに、私たち日本人が失ったものを持っているこの農村もいい場所じゃないか、と反発を覚えることとすらあった。しかし、それは持つ者の傲慢さであり、物質社会では満たされない郷愁にすぎなかったのだといまでは思う。

一見、満たされた日本の社会ですら、人々はつねに新しいものに目移りしながら、少しでも便利なもの、付加価値のあるものを買い求めようとしている。ささやかな欲望が積もっていき、そのための現金を得ようと春を売る日本人も現れる。日本に比べて物質的にも経済的にも満たされていないタイの農村ではなおさらだ。

誰だって闇夜にロウソクを灯して暮らすより、明るい蛍光灯の下でテレビを見ているほうが心地よい。一日かけて歩かなければならないところを、車があればたった数時間で、しかもゆったり座って移動できる。そのためには現金が必要なのだ。

二〇〇〇年代に私が黄金町で出会った娼婦たちは、単に彼女たちの欲望というだけではなく、貧しさから抜け出したいという家族の思いも背負って体を売っていた。明日の夢のために文字どおり身を粉にして働く彼女たちは、しかし、みながみな錦を飾れたわけではない。

不幸にもＨＩＶに感染、エイズを発症して新宿の病院で亡くなったワラポンという女性がいた。命をかけて日本に売春にきていた彼女のようなタイ人女性は、当時けっして少なくなかった。

ワラポンはタイ北部ランパーン近郊の農村出身で、死の直前まで新宿や黄金町で体を売りつづけ、故郷に送金していた。拙著『黄金町マリア』で彼女のことは詳しく触れているので興味のある方はぜひ手にとっていただきたい。

彼女たちの生と死を見つめてから二十年近い年月が経ち、黄金町ではタイ人の娼婦はもとより売春地帯そのものもほとんど姿を消してしまった。タイ国内のめざましい経済成長もその要因のひとつだろう。伊香保の事件で実際に体を売っていた女性たちはカンボジア人だった。そして、かつて自分たちがさせられていたことを彼女らに強いて搾取したタイ人女性が逮捕された。

タイのＧＤＰ（国内総生産）ひとり当たりの額は、二〇一九年に過去最高の八一七九ドルを記録。国が発展するにつれて観光ビザの取得も容易になった。いまや日本に行くことは以前のようにハードルは高くない。そこでブローカーたちは、より経済的に貧しいカンボジアに目をつけた。同国のＧＤＰは同年、タイの五分の一の一七〇〇ドルだ。アジア圏の経済ヒエラルキーの変化は、同じく経済活動のひとつである売春にも反映する。

二〇一七年に伊香保で起きたこの事件は、私にとって、日本の外国人売春史を見つめるうえで大きな意味を持つ出来事だった。

## 外人通りの「スナック夢」

「外人通りのあの事件ね。ここからちょっと離れているから詳しいことはわからないですけど、十年ぐらい前までタイ人とかね、外国人が多かったんです」

目抜き通りの石段からほど近いラーメン屋に入った私は、注文を聞いてくれた店主の妻と思しき初老の女性に、事件のことを知っていますかと声をかけてみた。夕食には少し早い時間だったが、店内にいる客は私だけだ。亭主と並んで厨房でせわしなく手を動かしながら、女性は表情を変えず淡々と話してくれた。

外人通りと呼ばれる場所は、ライトアップされた石段から一本東側に入った坂道のことらしかった。石段の通りとは打って変わって、みやげ物屋があるわけでもなく、数軒のスナックが肩を寄せあうように並んでいて、繁華街の裏路地といったたたずまいだ。石段が伊香保の表の顔なら、こちらはまさしく裏の顔だろう。

事件が発覚した店に足を運んでみると、ドア周囲に公共料金の請求書などが散乱していて、営業している雰囲気はない。隣は昔ながらの射的屋で、そのむこうにはタイ料理屋があった。入口ドアの張り紙に、新型コロナウイルスの影響でしばらく休業する旨が書かれていた。

伊香保温泉の外人通り

ONE

私の友人に、かつて十年近くタイに暮らした豊川という男性がいる。タイの事情に詳しいので、私は取材でいつもお世話になっている。彼は関東近郊のタイスナックに通うのを生きがいにしていて、聞けば伊香保にもしばしば足を運んでいたという。日本人と組んだタイ人女性がカンボジア人に売春を強要させた事件のことも、やはり知っていた。

「摘発されたのはヤクザが経営していたスナックで、カンボジア人を使う前は、タイ人と日本人女性に売春させてましたよ。もともとは『夢』という店名でね。新聞記事では店名不詳となっていたけど、売春をやるようになったころから店の看板は出さずに営業していたからね」

「夢」という名のスナックは、二〇一二年にも一度タイ人女性の不法就労と売春強要で摘発を受けていた。同年一月二十三日付けの日本経済新聞のネット配信記事にはこうある。

短期滞在資格の切れたタイ人女性に群馬・伊香保の温泉街で売春させていたなどとして、警視庁保安課は、入管難民法違反（不法就労助長）の疑いで、群馬県渋川市伊香保町、社交飲食店「スナック夢」経営、安藤健一（32）と妻でタイ国籍、同店経営、スパワディ（36）の両容疑者を、同法違反ほう助の疑いで、同、指定暴力団松葉会北関東大久保一家組員、佐藤次郎容疑者（43）ら2人を逮捕した。

同課によると、安藤容疑者夫妻は、「身に覚えがない」などと容疑を否認しているという。同課によると、安藤容疑者らは、タイ国内でブローカーを使って、女性に「日本でホステスとして働けば、高収入が得られる」と勧誘。渡航費や日本での生活費など全額を肩代わりする一方、約550万円の借金を負わせて、短期滞在資格で来日させた後、ホステスとして働かせていた。

逮捕容疑は、昨年11月ごろ、安藤容疑者夫妻の自宅近くにある同店で、短期滞在資格の切れたタイ国籍の女性（35）に、借金返済名目で、売春させたなどとしている。

売春場所は同店2階で、安藤容疑者夫妻は、ホステスが逃げないように、旅券を没収して店の近くに住まわせ、佐藤容疑者らに車で送迎させるなどしていた。同課は、こうした行為を人身取引と判断し、この女性を含むタイ人女性2人を保護。売り上げがみかじめ料として、暴力団に流れていたとみて調べている。

## 新潟から来た遊女、タイから来た娼婦

豊川によれば、外人通りの全盛期はバブル期から一九九八年の長野オリンピックを経た二〇〇〇年代初頭までで、一時は二〇〇人を超えるタイ人を中心とした外国人娼婦がいたという。坂道につけられたその通称からも当時の賑わいが推し量れよう。なぜ彼が具体的な娼婦の数まで知っているかというと、タイで暮らしていたとき、北関東にタイ人女性を送り込ん

でいたあるヤクザ組織の構成員から直接聞いたのだそうだ。

長野オリンピック前には、多くのタイ人労働者が道路工事などの現場で働いていた。そして、彼らの落とす金を目当てに、同胞の娼婦たちが長野県や群馬県などのスナックへ働きにやってきた。ちなみに、作家水上勉の遺作となったのが、長野県佐久市中込のスナック街で体を売っていたタイ人娼婦と男たちの交流を描いた『花畑』だ。刊行は二〇〇五年。

本稿とも深く関連することなので、少しだけ水上勉の話をさせてほしい。水上は、佐久ばかりでなく伊香保温泉のある群馬県内でも遊女たちの痕跡を訪ね歩いた。群馬には日光例幣《れいへい》使《し》街道や三国《みくに》街道などが通っていて、宿場町には旅人の相手をする飯盛女と呼ばれた遊女たちがいた。

日光例幣使街道の宿場町のひとつ木崎《きざき》宿。この地の寺には、いまも飯盛女たちが眠る墓があるのだが、私がその事実を知ったのは水上勉の『良寛を歩く　一休を歩く』（NHK出版、二〇〇四年）を読んだからだった。

同書には、墓碑に刻まれた飯盛女の出身地や俗名なども記されており、私も現地を訪ねてその墓をこの目で見た。墓碑銘はたとえばこんな感じだ。

越後国蒲原郡平賀村高田孝太郎長女　俗名千代　廿七歳　明治十一年三月廿六日

千代というこの遊女ばかりでなく、群馬県内の宿場で働く飯盛女たちは新潟県の出身者が多かった。水上が新潟生まれの遊女たちに目を向けたのは、良寛が一時暮らした町が多くの飯盛女たちの故郷、蒲原《かんばら》郡だったからだ。蒲原郡は信濃川の洪水に悩まされた低湿地帯で、ひとたび川が氾濫すれば農民たちは作物を失い、娘を売らなければならないほど貧窮した。そのため、街道筋の宿場で遊女となる女性が多かったのだ。

蒲原郡は、角兵衛獅子《かくべえじし》の発祥の地でもある。角兵衛獅子とは飢饉や洪水などの被害を受けた農民の子どもたちが、各地を回って獅子舞を披露する芸能だ。江戸時代、現在の台東区下《した》谷《や》周辺には、角兵衛獅子を演じる蒲原郡出身の人々が多く暮らしていたという。

飯盛女も角兵衛獅子も根っこは同じだ。農業では満足に食えないがゆえに、人々は故郷を離れ異郷で稼がざるを得なかった。日本における売春や芸能の背景には、近年までこうした重い貧困があったのだ。

伊香保温泉で体を売っていた多くのタイ人娼婦も貧しい農村地帯から海を渡り、現金を求めて日本へやってきた人々だ。飯盛女とタイ人の娼婦は、水上の中で一本の線で結ばれていたにちがいない。少なくとも私には、時代を超えて現金に翻弄されつづける人間たちの悲しい性《さが》がひとつの形を持ってくっきりと浮かび上がって見えた。

## ヤクザによる人身売買

話を伊香保に戻そう。二〇一〇年ごろまでは、外人通りのスナックは飲み屋というより置屋のようだったと豊川は言う。「夢」にもそのころ一度だけ行ったことがあるそうだ。

「カウンターとソファと座敷があってね。居酒屋だったのを改装したんだと思う。ゆっくり飲みたかったんだけど、とても飲むような雰囲気じゃないんだよ。店にはタイ人と日本人のホステスがいたけど、座ってすぐにタイ人のほうが『遊ばないの』と誘ってきた。店の上にヤリ部屋があって、一時間二万円って言われたな。スナックとしては飲み放題で一時間三〇〇〇円、ホステスのドリンクが一〇〇〇円だった。店としては、酒よりも女を買ってもらうほうが儲かるから、こっちに買う気がないとわかると露骨に嫌な顔をされたね。そんな感じだから長居はせずに会計したんだけど、驚いたのは、店を出たらこんどは日本人のホステスが追いかけてきて、『一万五〇〇〇円でいいから。お願いだから遊んでよ』とせがんできたんだよ」

スナックに入ってここまでされたのは、後にも先にも伊香保の「夢」だけだったという。

二〇一二年に店が摘発され、その後タイ人たちがわざわざブローカーに頼らなくても日本に入国できるようになると、人身売買を商売《シノギ》とするヤクザたちは別の土地の女性を探すほかなくなった。そうして、タイより経済的に貧しいカンボジアに目をつけたのだ。

二〇一七年、看板を下ろした同店が摘発を受けてカンボジア人女性が保護されたとき、プノンペンでカレー店を経営する日本人男性も一名、逮捕されている。日本に送り込むために現地で集めた女性をヤクザに紹介していたのだ。もとは群馬県内でカレー店を経営していたのだが、ある時期からプノンペンに移り住んでいた。計画的なものだろう。つまりこの事件は、群馬のヤクザによる組織的な犯行だったということだ。

## 大学出の元ホテル従業員と元教師

無人の元「スナック夢」を後にして、この通りをもう少し歩いてみることにした。道行く地元の人に尋ねて聞いた話では、たしかにまだ数軒のスナックが営業していて、夜七時すぎには開店するとのこと。いったんホテルの部屋でひと息入れてから向かうことにしよう。

じつは今回の取材にあたっては、二十年以上の付き合いになる友人、順次に声をかけていた。独身の四十七歳。横浜のフィリピンパブにハマってホステスと同棲し、一時は結婚も考えていたが最後には相手に逃げられるという経験を持つ男だ。それにも懲《こ》りず夜の街に出るのは大好きとあって、「楽しそうだな」とふたつ返事で同行してくれることになった。

映画俳優の勝新太郎にちょっと風貌が似ていて、性格も明るく、貧乏なのに宵越しの銭は持たない気風のよさもあって一部の女性には格段にモテる。スナックのような店の場合、ひとりで行くよりも、順次のように場慣れしていて女性受けもいい同伴者がいたほうが座の雰囲気が柔らかくなるので、聞き出せる情報も増えるのだ。

七時にふたりでホテルを出て外人通りに入ると、薄暗い軒先にポツリ、ポツリと明かりが灯っていた。昼間はただの廃墟のように見えたスナックが目を覚ましたようだ。

何の当てもなかったが、たまたま一軒の店の前で、黒いロングコートを着たタイ人と思しき女性が白い息を吐きながら開店の準備をしているところに出くわした。

「タイの方ですか」

「はい、そうです。どうぞ」

見た目からすると三十歳くらいか。その柔らかな口調につられてドアに手をかけた。順次に目で確認すると、(行こう、行こう)とうなずいている。

口開けの店内に客の姿はない。ふたりの女性が、それぞれトイレを掃除したりカウンターを拭いたりしている。ソファに腰を下ろすと、店の外にいた女性を含めた三人のタイ人女性が私たちを囲むように座った。

私はテーブルの左端に座り、隣に来た二十代半ばと思しき女性はマリと名乗った。テーブルの右端にはエリ、ソファに向かい合うふたつの椅子に順次とメイと名乗る女性が座った。

「この仕事、伊香保ではどれくらいやっているの」

日本語でマリに話しかけてみたが、まったく理解できていないようだ。

ひとけのない夜の外人通りをゆく

私はタイ語をほとんど話せないので困ったなと思っていたら、順次とメイはもう笑顔を浮かべて英語で話している。

マリにもう一度、英語で同じ質問をすると「スリーマンス」とすんなり返事が返ってきた。この店の女性たちはみな英語を流暢に話せるようだ。私が日本語をやめて英語で話しだすと、それまで表情が硬かったマリの雰囲気も柔らいできた。これなら、少しくらいプライベートなことを聞いても大丈夫かもしれない。

気になっていたのは、なぜ彼女たちがこの場所にいるのかということと、伊香保ではいまでも売春がおこなわれているのかということだった。後者の質問については焦らず頃合いを見計らって切り出す必要がある。

「ここで働く前は何をしていたの」

「福島の工場で働いていました。でも、コロナで工場の仕事が減ってしまったので、ほかの仕事を探していたとき、この店のママと知り合ったんです」

福島と群馬は県境を接しているとはいえ、どのように出会ったのだろうか。

「フェイスブックでママが女の子を募集していたから、メッセージを送りました。そうしたら働きにきて、と返事がきたんです。それで工場の仕事を辞めて、こっちに来ました。本当は工場以外の仕事はしてはいけないんだけど、まだビザはあるから日本にはいられます」

マリは観光ビザではなく在留資格を取って入国したという。おそらく外国人技能実習制度によるビザだろう。三年（最長五年）の技能実習期間を日本で過ごしている外国人は、法務省によれば二〇二〇年末時点で三七万八二〇〇人いるという。コロナ禍中の数なので、以前はもっと多かったはずだ。ただ就労ビザではないため、スナックで働くのは資格外の活動に当たり、法的には不法就労だ。

それにしても仕事の見つけ方がいまの時代を象徴している。

彼女が法を犯してまで日本で働く理由とは何なのだろうか。

「タイに子どもがいるんです」

そう言うと、彼女はスマホに入っている女の子の写真を見せてくれた。離婚した男性との間にできた子で五歳。故郷で両親が面倒を見ているという。

出身地を聞くと、「ノンカイ」と言った。イサーン地方の街で、メコン川を挟んでラオスに面している。一度だけ訪ねたことがあるが、のんびりした空気が流れていて、メコン川沿いの屋台で食べた川魚の塩焼きがうまかった。そんな話をすると、彼女の表情がますます緩んだ。

「日本に来る前はバンコクのホテルで働いていました。同僚に日本人の男性がいて、彼と付き合っていた時期もあります。もともと日本のアニメが好きだったし、日本にはお金のためだけじゃなく、一度行ってみたかったんです」

「英語はどこで覚えたの」

「ホテルの仕事をしながらね。あとは大学時代に観光学科で真面目に勉強しました」

マリの隣に座っていたエリもふつうに英語を話すので、彼女にも同じ質問をすると、やはり大学で学んだとのこと。しかも、タイでは小学校の教師をしていたという。

ふたりに共通するのは、経済的な目的が第一だったにせよ、日本への関心が来日への大きな原動力だったという点だ。十年ひと昔というが、日本で働いているタイ人女性たちのバックグラウンドもずいぶん変わったようだ。かつては、ここまで英語を自然に話せる人はめずらしかった。日本やタイの色街で多くのタイ人娼婦たちを取材してきたが、彼女たちの話す英語はたいてい客を相手にするなかで覚えた単語中心のブロークン・イングリッシュだった。しかし、目の前にいるタイ人女性たちの話す英語は、訛りこそあれまったく淀みがない。

主にふたつの理由があるのだろう。ひとつは、二〇〇〇年代初頭から英語教育が盛んになったタイでは、小学校一年生から英語が必修科目になっていること。彼女たちはおそらくその第一世代に当たるはずだ。ふたつ目は、日本に来る女性たちの社会的な階層が変わった点が挙げられよう。二十年前に黄金町でタイ人の娼婦たちを取材したときは、ほとんどの女性が借金を背負って観光ビザで来日し、滞在期限を過ぎても帰国せず不法に働いていた。多くは幼いころから満足に学校に通うこともなくタイで働き、日本へとやってきていた。

それにくらべると、このスナックの女性たちは、観光ビザではなく在留資格を取って来日している。タイでは大学まで出てホテルや学校などで働き、売春とは無縁の生活を送っていた。コロナ禍がなければ、工場の仕事をこなして予定通り稼いだら帰国していたことだろう。ひとけの消えた山深い温泉街で、水商売に足を踏み入れることもなかったはずだ。

歓談が続き座もあたたまってくると、三人の女性はカラオケを歌いたいと言った。

かつてタイ人娼婦が集まる黄金町のタイ料理屋に何度も足を運んだことを思い出した。店に設置されたカラオケで当時彼女たちが歌ったのは、イサーンの農村風景が目の前に浮かんでくるような朗らかで土臭いタイ語の曲だった。しかし、いまこの店で彼女たちが選んだのはタイの曲ではなく、イーグルスやカーペンターズなどの洋楽だった。

三人が次から次へと英語の曲を歌うなか、年の頃六十代のタイ人と思しき女性が店に入ってきた。

「ママかな?」

マリに尋ねると、「イエス」と言った。

私たちのテーブルにドリンクを持ってきてくれたママに話しかけてみた。

「ママは、日本は長いんですか」

「そうね。三十年ぐらいになるわ。もう日本のほうが長くなっちゃったよ。日本が大好きだから。だけど冬はいまでも嫌だよ。坂が凍るから歩くのは危ないし、冷蔵庫の中にいるみたいで」

さすがにママは日本語を軽快に話す。

「昔はタイ人、たくさんいたんでしょう」

「いっぱいいたよ。でも、みんな捕まっちゃった。私は永住権があるから大丈夫。離婚したけどね」

「お子さんは」

「娘がいるのよ。もう結婚して孫もいる。おばあちゃんになっちゃったよ」

「ずっと伊香保ですか」

「ちがうよ。最初は東京。錦糸町とか、もういろいろ。そこで別れた旦那さんと出会って、こっちに来たのよ。私の人生もいろいろあったね」

日本にタイ人娼婦が数多くいた一九九〇年代から二〇〇〇年代、ママもまたこの国で生きていた。実際私も二十年前に、新宿でタイ人女性を使い売春スナックを経営するラオス人女性に取材したことがある。顔まではっきり思い出せないが、ママのように日本語でざっくばらんに話をしてくれた。

## 「女の子と遊べるよ」

店に入ってから二時間ほど、そろそろ切り上げどきとなったが売春のことに関しては結局、聞く機会を見つけられなかった。彼女たちからの誘いもなかった。胸にもやもやしたものを残したまま会計をすませる。すると、ママが私たちの泊まっているホテルの名前を聞いてきた。続けて言った。

「女の子と遊べるよ」

思わぬ申し出だった。一見の客ということもあり、ようすを見ていたのかもしれない。

「ちょっと離れたところに部屋があるよ」とママが言った。

順次はメイとふたりで夜道に消えていった。私はこの地でいまも売春がおこなわれている事実を知れただけでじゅうぶんだった。メイの身の上についても、あとで順次から聞くことができるだろう。


ひとりホテルに戻り、ロビーのソファに腰を沈めると、フロントにいるひとりの男性従業員の姿が目に入った。六十代くらいだろうか。手持ち無沙汰にロビーを眺めている。彼に話しかけてみることにした。ホテルの従業員というのは、長く勤めていればいるだけその土地の情報に詳しくなる。売春事情について何か知っている可能性はある。それに、深夜ならまわりの従業員や客の存在も気にせず、開けっぴろげな話もできるはずだ。

以前、長野県のある温泉街を訪ねたとき、同じような状況で従業員の男性に売春事情を尋ねると、誰もいないロビーで一時間以上にわたってあれこれと話してくれたことがある。

フロントに近づき、「こんばんは、ちょっと昔のことを伺いたいんですが」と声をかけると、笑顔で「はい、どんなことでしょうか」と話に乗ってくれそうな雰囲気だ。

「昔はこのあたりで売春をする外国人の女性も多かったと聞いてますけど、どうだったんですか」

直球の質問を投げかけると、男性はニヤリとしながら口を開いてくれた。

「いや、ここは本当に日本かなと思うぐらい、外国人の女性は多かったですよ。タイ人とかフィリピン人だらけでした。バブルのころから二〇〇〇年代の初めなんて、家族で温泉に来た人たちが目のやり場に困ったほどですから」

「遊んだことはなかったんですか」

「私は地元の人間なんでアレですけど、もし地元じゃなかったら羽目を外したんじゃないですか。それほど賑やかな場所でしたよ」

それから二時間ほどして、順次がホテルに戻ってきた。

「いやー最高だったよ。久しぶりにハッスルした。このまま伊香保に住んじゃおうかな」

和室に敷かれた布団に腰を下ろすやいなや、真顔で言った。メイにすっかり惚れてしまったようだ。その後、東京に戻ってから一週間ほどすると、思わぬことを私に打ち明けた。

「メイと付き合いはじめたんだ」

毎日電話で一時間以上話し、ついにはメイが暮らすアパートでタイ料理をご馳走になりながら数日をともに過ごしてきたのだという。

ともかく、これは好都合だ。さっそく順次を通じてメイに話を聞かせてもらうことにした。

## 離婚をきっかけに海外をめざしたメイ

メイは、群馬県内の自動車工場や食品工場などが点在する街に暮らしていた。

アパートの周囲には畑が広がりのどかな雰囲気だ。メイの住む二階建てアパートの玄関はちょうど北向きで、上州名物の空っ風が吹きつけるせいかひんやりとしていた。インターフォンを鳴らし彼女がドアを開けた刹那、かすかにパクチーの匂いが隙間から漏れてきた。

「ハロー、ウェルカム」

南国育ちの彼女には日本の寒さはこたえるのだろう、黒いニット帽をかぶっている。浅黒い肌をしたメイは笑顔で迎えてくれた。玄関を開けるとすぐにキッチンがあり、そのむこうに六畳ほどの部屋がひとつ。この1Kの部屋に、親戚の女性とふたりで暮らしているという。

アパートは一〇戸建てだが、入居しているのはフィリピン人やネパール人などの外国人だけで、日本人は住んでいないとメイが言った。おそらくこのアパートだけが特別というわけではないのだろう。外国人が多く暮らす街の特徴がよく表れている。

思えば、黄金町でタイ人娼婦の取材をしていたときも、彼女たちの暮らす部屋を何度か訪れたものだ。いずれもこの部屋と同じようにパクチーや香辛料の匂いが染みついていたが、メイの部屋にはひとつ、決定的に異なる点があった。仏像や国王、高僧の写真あるいは絵、そして供物を捧げる祭壇といったものが何ひとつ置かれていないのだ。宗教的なものがいっさいない。

「タイ人ではめずらしいかもしれないけど、日本では祈るより仕事をしたほうがいいかなと思っています」

私が見てきたタイ人娼婦の多くは日々の祈りを大切にしていた。メイのような女性は初めてだ。この独特な人生観は、彼女が歩んできた人生によって培われたものだった。

「すごい田舎でしたから、小学校に入るときには働いていました。最初は、村でお金を持っている人の家の牛の世話。畑仕事を手伝ってお小遣いをもらったり。中学を卒業したらすぐバンコクやチェンマイへ働きにいく子が多かったけど、私は勉強がしたかったから残ったの。バンコクに出たのは大学を卒業してからです」

バンコクでデパート従業員として働き、同僚と結婚。今年六歳になる男の子を授かったという。しかし結婚生活はうまくいかなかった。

「夫の浮気がすごくて、毎日のように喧嘩していました。よく近くのお寺にお祈りにいきましたよ。夫がちゃんと家族のことを考えてくれるようにって。でもあの人は全然変わらなくて、結局離婚したんです。それからは大げさじゃなくて、三年ぐらい毎日泣いていました。

だって、夫のことが本当に好きだったし、離婚なんて望んでなかったから。そのときふと思ったんです。なんで仏様は助けてくれないんだって。それで、お寺に行く回数は減りました。自分しか頼りにできないんだと思うようになったんです。いっそ何もかも忘れられる土地に行きたい、海外で働きたいと考えて、最初に韓国に行き、次に日本に来ました」

この取材の過程で、たまたまタイの現地紙「バンコク週報」の記事に目を通していた。それによれば、韓国とタイはビザ免除協定を結んでおり、韓国では長期にわたって不法就労するタイ人が年々増え、いまや一二万人にのぼるという。メイに話を振ってみると、即座に私はちがうと否定した。いまだって観光ビザではなく、工場で働くためのビザを持っているのだと。

では、なぜスナックで売春をすることになったのか。

「コロナウイルスの影響で工場が閉まってしまったし、当初から会社が給料をしっかり払ってくれていなかったんです。だから、前から仕事を替えようとは思っていて、コロナがその決め手になりました」

家賃は三万円。食費を切り詰め、ふたりで暮らすことで生活費を抑えているとはいえ、仕送りもしているからぎりぎりの日々だった。工場が休業するとすぐ生活に窮してしまったという。

「一カ月五万円で生活して、残りのお金はタイに送っていました。家族の養育費だけじゃなくて、バンコクでレストランを開く将来の夢のために貯金もしているし。だから日本では無駄遣いできなくて。工場が閉まって、どうしようと思っていたときに、知り合いでも何でもなかったママのフェイスブックをたまたま見て、スナックでの仕事があると知ったんです。仕事を選んでいる余裕はありませんでした」

彼女はタイでも韓国でも、売春はおろかバーですら働いたことはなかったという。タイのどこの出身なのか尋ねると、「イサーンのコンケン」と言った。その地名を聞いて、私はなんとも言えない感慨にとらわれた。

## タクシン元首相と田中角栄

いまから十年ほど前、私はその土地を訪ねたことがある。バンコクでタクシン・チナワット元首相の支持者を中心とした反政府デモが二〇一〇年に発生したのだが、その中核的な存在はコンケンなどイサーン地方の農民たちだった。私はバンコクのデモの現場で知り合ったカンさんという男性を訪ねてコンケンへ足を運んだ。

現地の農村を車で走っていると、青空と田んぼが広がる絵はがきのような景色のなかに、ところどころシミのように貧しさが垣間見えた。乾いた田の中を、痩《や》せこけた牛と麦わら帽を被った牛飼いが歩いていていた。

コンケンの町から一時間ほどで、バンコクで出会ったカンさんの暮らす村が見えてきた。あたり一面に乾いた田んぼが広がる。村の入口で電話をかけると、赤いスクーターでカンさんが迎えにきてくれた。コンクリートで造られた平屋の家に着くと、冷たいジュースを出してくれ、「ご飯は食べたか」と言う。すませてきたからだいじょうぶと言っても、何度も何度も聞いてくる。遠方からわざわざ訪ねてくれた客をもてなそうという気持ちが嬉しかった。

この乾いた土地に住む人々を大切にしたタクシン元首相は、ここでは神のように崇められている。タクシンにすれば、人口の多いイサーン地方を利用する政治的な思惑もあっただろう。ただ、彼がイサーンに目を向けたタイで最初の政治家だったことは間違いない。人々はタクシンの写真を家に飾り、亡命生活を送る彼に早く帰ってきてもらいたいと口々に言った。経済的な豊かさを求め身を削って働く人々、農民も労働者も娼婦も、その多くはタクシンを支持していた。

タクシンの姿とダブる日本の政治家に新潟県出身の田中角栄がいる。

田畑の冷害、冬の豪雪、信濃川の洪水などに悩まされた越後は、タイのイサーン地方と同じようにかつて国内有数の娼婦供給地でもあった。三国峠を越えた娘たちの多くは、街道の宿場町や江戸の町で遊女となり体を売った。群馬県の日光例幣使街道沿いにある宿場町の寺で、「越後」と刻まれた飯盛女の墓を目にしたのは先に記したとおりだ。

タクシンがイサーンの大票田を背景に政治家として活躍したのは、一九九〇年代後半から二〇〇〇年代半ば。一方、田中角栄が同じように民衆から支持を得て国政を動かしたのは七〇年代。そこにあるのは、時代も国も超えて重なる政治と農民の深いつながりだ。

## 変わりゆくもの、変わらないもの

話をメイのインタビューに戻そう。

実際に、売春をすることになって、抵抗感はなかったのだろうか。

「嫌なお客さんはいますよ。私たちも人間だから、誰にでも体を売るわけじゃありません。ちゃんと選んで、この人ならだいじょうぶかなと思ったら何となく誘ったり、ママの判断に従ってやっています。日本でこういうことをするとは思いもしませんでしたし、ホテルに行きたくないと思うときもあるけど、それでもまだ仕事があって、お金を送ることができるのだからありがたいと思っています」

スナックで会ったマリ、インタビューに応じてくれたメイともに淀みなく英語を話し、タイの教育レベルが格段に上がったことを肌身に感じた。

また、彼女たちが売春するきっかけとなったのはSNSを通じて見つけたスナックのホステス募集で、ブローカーへの借金を必要としていない点も隔世の感がある。

しかし、その一方で、かつてのようなタイ人娼婦の後釜として、大きな借金を負って日本で体を売るカンボジア人女性たちのような存在もあらたに生まれている。小さな背中に重い業《ごう》を背負って、日本の片隅で生きつづけている人々がやはりいるのだ。

メイは前向きに生きていた。かつて黄金町にいたタイ人の娼婦たちのような仄暗《ほのぐら》さは抱えておらず、話をしていてこちらも重たい気持ちにならずにすんだ。

インタビューに応じてくれたお礼を言って部屋を出ると、すでに日は落ち、あたりは真っ暗だった。晩ごはんの支度をしているのだろうか、どこからともなく食欲を刺激する香辛料の匂いがただよってきた。

## 休業するホテルと常連客が支えるスナック

二〇二一年三月、三カ月ぶりに伊香保を訪ねた。年明け早々の一月七日から東京、神奈川、千葉、埼玉では緊急事態宣言が出されており三月二十一日までの延長となっていたが、群馬では発令されていなかった。その後の外人通りのようすも気になっていたし、順次の誕生日パーティーをメイたちが店で開くと聞いて、私もその席に参加したのだ。

メイと会うのはこれで三度目だが、最初に店を訪れたときにいたエリの姿が消えていた。

「エリはお客さんを取ろうと必死で自分勝手に動くから、みんなと関係が悪くなって辞めました。いまは千葉県にいるみたい」

メイが顔をしかめながら言った。そういえば、あの晩もエリはほかの女性より一生懸命だった気がする。そのギャップが軋轢《あつれき》を生んだのか。新しい場所でうまくやっているのだろうか。

この日はマリとメイ、順次と私、さらにママがL字のソファを囲んだ。テーブルにはメイ手づくりのタイ料理がずらり。パッタイ（タイ式焼きそば）からガイヤーン（鶏のあぶり焼き）、そしてトムヤムクンと、その彩りを見ているだけでタイへの旅情をそそられる。隣に座っていたママも、「久しぶりに客が来たわ」と喜んでくれた。順次はメイの肩に手を回して、グラスに注がれたウイスキーの水割りを上機嫌で空けていく。

ママに昨今の状況を尋ねてみた。

「東京に緊急事態宣言が出てから温泉街のホテルも休業するところが出てきてね。うちの店も厳しかったけど、常連さんが来てくれるのよ。地元の人だったり、埼玉や東京からもグループで来てくれた。売り上げは減ったけどゼロにはなってないから、まだまだだいじょうぶよ」

私が訪ねた三月上旬、群馬県内の新型コロナウイルスの陽性者数は日に十人程度と、東京にくらべたらずいぶん少なかった。それでもカラオケのあるスナックは密になりやすく危険度は高いはずだが、これまでコロナに感染したという人はまわりにいない、とママは言った。

たとえ温泉客向けのホテルは閑古鳥でも、女性たちと時間を過ごしたいと思う男性客は、減ることはあっても途絶えることはないようだ。

翌朝ホテルをチェックアウトしてから、目抜きの石段に向かってみた。休業の張り紙をしたホテルがちらほら目についたが、卒業旅行だろうか、二十代前半の若い男女がちらほらと歩いている。ちょうどマリと同じ年頃だ。この温泉街では旅を楽しむ若者もいれば、体を売る者もいる。

石段を登ると、雪をかぶった三国峠や新潟の山々が見えた。江戸時代、飯盛女たちは越後からあの三国峠を越えて群馬に働きにきた。日本における地域の格差はしだいに見えなくなり、山々は観光客の目を癒す点景となった。

ただ、この土地には以前ほどではないにしろ、いまも海を越えて働きにくる女性たちがいる。コロナ禍にさらされた伊香保を訪ねて、まだまだこの世の中には見えない三国峠が存在していることを私は思い知らされた。

# 第5章 天王新地の娼婦と梅田のたちんぼ

## 地方の風俗街はどうなったのか

都内に二度目の緊急事態宣言が出されていた二〇二一年の二月初旬、私は人もまばらな東京駅の新幹線ホームにいた。

たまの出張で新幹線に乗る際には横浜名物、崎陽軒のシウマイ弁当を食べることをささやかな楽しみとしている。今回もそのつもりでいたのだが、駅構内の店舗にはシャッターが降りていた。出端をくじくコロナの洗礼だった。代わりにホームの店で唐揚げ弁当を買い、片手で数えられるほどしか乗客のいない車両に乗り込んだ。

私は、新大阪駅を経由して、和歌山市にある天王新地《てんのうしんち》という色街へ向かおうとしていた。この状況下に、なぜわざわざ和歌山へ、しかも古い風俗街を訪ねるのか。

新宿・歌舞伎町や札幌・ススキノといった日本を代表する歓楽街は、コロナ禍にあって幾度となくテレビやウェブ記事などで取り上げられてきた。ともに夜の街の代名詞的な場所で、クラスターの発生源となったこともあり世間の注目度は高い。

では、それほど人口に膾炙《かいしゃ》していない日本各地のさまざまな色街で働く人々は、いったいどのようにこの逆風をしのいでいるのだろう。どこも店を閉じてしまったのだろうか。それを、この目と耳で確かめたいと思った。

## コロナ来襲の前年――

これまで天王新地には二度足を運んでおり、今回で三度目だ。大阪の飛田新地や松島新地といった有名な色街に比べたら小さな街なのだが、なんとなく惹きつけられる風情があって足が向いてしまう。

初めて訪ねたのは二〇一九年の梅雨だった。和歌山駅近くのホテルから乗ったタクシーの中で運転手さんに天王新地の話題を振ってみると、こんなことを言われた。

「私の連れが昔はようけ行ってましたが、そのころにくらべたら、ひどい寂れようです。まあ、いまでも三軒はやってると思いますよ。最近はみんなデリヘルですのに、お客さんみたいにああいうとこに好きこのんで行く人はめずらしいですよ。ババアしかいないですからね。もし一発やりたければ、言ってください。本番ができるデリヘルを紹介しますから」

日本全国の色街は、二〇〇〇年代の初頭から次々と消えつつある。その理由には、摘発や景気の落ち込みなどもあるが、店に足を運ばずとも女性と会えるデリヘルや出会い系などが浸透した影響も大きい。どうやら天王新地も同じ状況らしい。

戦後すぐから二〇〇五年まで存在した横浜・黄金町のたちんぼを見て衝撃を受け、全国の色街を歩きはじめた私にとって、日本から色街が消えていく昨今の状況は、正直に言ってさびしい。

歓楽街によくある店舗型ヘルスやラブホテル街のネオンを見たところで、乾いた都市の色味がかった点景ぐらいにしか感じられないが、長年にわたり土地に根を張ってきた色街の建物やそこで働く女性たちの姿には、色街がたどってきた歴史が地層のように重なって見えるような気がする。現代社会の単なる一風景という枠には収まりきれない存在感といおうか。その場に身を置いているだけで、昔々からひっそり紡がれてきた歴史の舞台に放り込まれたような気がしてくる。

「ここで止めますわ。この細い路地を入ってください。明かりが見えるでしょう。あそこに店がありますんで」

タクシーが止まった場所から五〇メートルほど離れているだろうか、運転手が指差した先に、ぼんやりと明かりが見えた。吸い寄せられるように歩いていくと、「中村」という看板のついた遊廓建築が視界に入ってきた。そこを過ぎ、右手に折れた細い路地に入ると二軒の店があった。営業しているのはこの三軒なのだろう。

なかでもいちばん大きく、見るからに古そうな「中村」に入ることにした。引き戸を開けると、中にはふたりの女性がいた。ひとりは眼鏡を掛けた黒髪の二十代後半と思しき女性で、玄関を入ったところに置かれた椅子に腰かけている。カウンターにいたもうひとりの女性は、黒髪女性の親ほどの年齢だろうか。遣り手のおばさんに見受けられた。

「こんばんは。ここ、値段はいくらですか」

歴史を思わせるたたずまい

「三〇分、一万円です」

遣り手と思しき女性が答え、立て続けに言った。

「遊び、どうしますか」

「こちらの女性でお願いします」

私は、椅子に座った女性に手を向けた。

上がり框《がまち》の左手にある階段をのぼると部屋がひとつあり、障子《しょうじ》を開けると、ちゃぶ台の上に置かれたスタンド電灯が仄かに部屋を照らしていた。白壁は色あせていて、多くの年月が経過していることを物語っている。なんだかひと昔前にタイムスリップしたような気分だ。

「この建物は何十年ぐらい前のものなんですか」

「百年以上経っていると聞いてますよ」

アヤと名乗った眼鏡に黒髪の女性は、歴史の重みなどなんでもないように、あっけらかんと言った。百年以上前といえば大正あるいは明治時代の建築物ということになる。

アヤは着ていた自分の服のボタンに手をかけながら、私にも「服脱いで」と言った。

「いや、ちょっと話を聞きたいんで、セックスはいいですよ」

「えっ、ほんま。ラッキー」

嬉しさを隠すことなく、アヤは弾んだ声で言った。

## 天王新地の娼婦アヤと座敷童

私たちは布団の上に座りなおした。

彼女が出してくれた缶コーヒーをひと口飲んでから、

「アヤさんはどちらの人なんですか」

「私は大阪よ」

「じゃあ、ここへは電車で」

「そう。夕方から夜中まで働いて、仮眠を取ったあと始発で帰るんよ」

「毎日だと大変でしょう」

「ここで働くのは週に三日、昼間はふつうの仕事をしてて、週末はデリヘルでも働いてるんよ。ここだけでは生活していけへん。だけど働き場所としてはええよ。みんなのんびりしてるからな」

「では、ここでの仕事でいちばん大変なことは何ですか」

「臭い人が来るのよ。何日もお風呂入ってないと思うんやけど、すんごく臭い。一応仕事だからやることはやるけど、絶対に体には触らせないし、舐めさせない。あと、若い人だと生でやりたがるのがいるんよ。それは絶対無理って断る。お兄さんの前に来たお客さんも、『生でもいいか』と聞いてきたから、入口のところで断ったんよ。私は絶対無理やわ。病気とかも怖いしな」

「ここで働くきっかけは、何だったんですか」

「もともと大阪のパチンコ屋でコーヒーレディーをやってたんよ。知らんの？　玉が出てはる人は台を離れられんでしょ。そういう人を見つけてコーヒーを売るんよ。そこで働いてたコがここのことを知っていて、やってみたらって言われて、来るようになったの」

「コーヒーレディーは高校を卒業してから……」

「いや、高校は中退して、最初はうどん屋やね。それをやりながらデリヘル嬢もはじめて。コーヒーレディーはそのあと、二十四、五歳のときやね。でもあんまり稼げなくて、ここで働きはじめたんよ。デリヘルはずっと続けてたけどな。私はしゃべるのがうまくないからキャバ嬢もできないし、風俗がいちばん合ってる思うわ」

「大阪には飛田とか松島とかがあるけど、そっちでは働こうと思わなかったの」

「飛田は人気のある場所やからきれいなコが多くて、最初から無理やと思ってたんよ。でも、松島には面接に行ったな。デブの人と一緒にね。そうすれば私でも痩《や》せて見えるでしょう。近くのマクドの四人掛け席で面接やったんやけど、彼女はその場で断られた。めっちゃ怒っとったよ、店の中で。そうしたら面接したオーナーが『こっちだって選ぶ権利があるんや』って逆ギレしてた。横で見ててめっちゃおもろかったな。そんで私だけ受かったんやけど、実際に松島に行ってみてお店の女のコたちを見たら、私には無理やなと思って、やめたわ」

「で、ここだったらできると思った」

「そうやな。だけど暇やで。デリヘルのほうは忙しいから、そのギャップがすごいわ」

「これだけ建物が古いと、ちょっと怖くないですか」

「幽霊が出るらしいんよ。女の人でな。その人を見たコはめちゃくちゃ売れるらしい。ええと、平成の前って何やったっけ」

平成生まれのアヤにとって昭和という元号は遠い昔のものなのだろう。思わぬ問いかけに笑ってしまった。

「そう、昭和や。そんで、その前の大正だっけ、明治やったかな。とにかくそんな昔からこの建物はあったみたいで、そのころの人が出るらしいんよ」

「見たことはあるの」

「ないのよ。だから全然暇なの。ハハハ」

三十分が過ぎて下に降りると、遣り手のおばさんにも話しかけてみることにした。

「ママ、ここはずいぶん歴史を感じる建物ですね」

「いや、私はママじゃないんですよ。働いている女のコですけどね」

「失礼しました」

と詫びると、アヤが助け舟を出してくれた。「お姉さん、お化けも出るんよな、ここ」

「悪い霊じゃない、いい霊。ただ大人の女性じゃなくてね、座敷童《ざしきわらし》なんよ。私は二度見てるんですけど、ちょうど私のおへそぐらいの背の高さやった。障子のすりガラスのところから頭だけが見えてな。ただここしばらくは見てへんわ」

色街が寂れるにつれ、座敷童もどこかへ移ってしまったのだろうか。

## 隆盛をきわめた私娼窟

翌日あらためて天王新地のまわりを歩いてみた。近隣の住民に話を聞いてみたかった。

天王新地では三軒の店が営業しているだけで、周囲には昔ながらの長屋と新築の家が点在していた。子どもたちがちょっとした野球でもできそうなくらいの空き地も目についた。

少しばかり歴史を紐解いてみると、天王新地が営業をはじめたのはアヤが言っていたように明治時代のことだ。和歌山県は当時、群馬県と同じく廃娼県として知られていた。のちに遊廓は認められたが、それも現在の新宮市、串本町、由良町の三カ所だけで、和歌山市内では許可が降りなかった。明治時代の日本は、政府が許可した場所にかぎり娼婦を公認する公娼制度を施行していたが、政府が黙認するかたちで営業していた私娼窟もまた、数多く存在していた。天王新地もそのひとつだ。

一九三八年（昭和一三年）に現在の厚生労働省にあたる内務省衛生局が全国の私娼窟を調査し、「業態者集團地域ニ關スル調」という冊子をまとめている。東京・吉原にあるカストリ出版がこれを復刻したものが私の手元にある。和歌山県和歌山市には天王新地と阪和新地というふたつの私娼窟の名が記されている。

阪和新地にも以前訪れたことがある。和歌山駅から歩いて一〇分ほどの場所だ。いまではマンションなどが建ち並び往時の痕跡はない。強いていえば、ぽつぽつと建つラブホテルと元は銭湯だった建物が、ここが色街だった名残だろう。私娼窟や遊廓の娼婦たちにとって、銭湯は仕事前に体を洗うのに欠かせない場所だった。戦前に端を発する色街にはたいてい銭湯がある。

昭和一三年の天王新地には四〇軒の店があり、一一〇人の私娼がいたと内務省衛生局は記している。県内の私娼窟では最大の規模を誇っていた。それが黙認されていたのは、市内に陸軍の連隊が駐屯していたことが大きいだろう。前年一九三七年（昭和一二年）にはじまった日中戦争で、多くの兵士がこの地から出征していったのだ。

戦前の日本では連隊の置かれたところに色街ありという具合で、旭川の中島遊廓、海軍のいた横須賀の安浦、さらには、阿部定が一時期働いていた丹波篠山遊廓などもその一例だ。

細い路地を歩いていると、ひとりの初老の男性の姿があった。何かしらこの土地の過去について知っているのではと思い、声をかけてみた。

「天王新地のことを調べている者なんですが、このあたりはずいぶん店が多かったみたいですね」

男性は、私をじろりと一瞥《いちべつ》してから口を開いた。

「昔はね。旅館が二軒あって、風呂屋も遊廓にはつきものだったから一軒あった。遊べる店もあったけど、いまじゃ一軒か、二軒ぐらいか」

「昔はどんな雰囲気でしたか」

「わいらが小さい時分やで、賑やかだったのはな」

「そういう店で遊んだりしたことはなかったんですか」

「近所すぎるし、まだ子どもだったからな。遊んだことはないよ、いくらなんでも。でも、働いていたお姉ちゃんは全部知ってるで」

「お姉さんたちはどこから働きにきていたんですかね。大阪とかやはり関西ですか」

「いや、ほとんどが東北だよ」

東京の色街に東北出身者が多かったことは知られているが、ここ和歌山でもそうだったのか。

「だいたい十四、五歳くらいから来てたで。むこうは寒い国やから仕事がないやん。ほいでみんな来たんや。こっちから金はろうて来てもらってな」

「ずいぶんお詳しいですね」

「わいが物心ついたころやから、戦争が終わって十年ぐらいだったか。うちの親戚が女のコを置いて店をやってたんや。それでよう知っとる。天王に来たお客さんと遊ばせたんよ」

「それは、どこで遊ばせたんですか」

「旅館があったって言ったやろ、そこで遊ばせたんよ。昔はそういう決まりやった。店では絶対遊ばせんかったよ。あと女のコは清潔にせないかんから風呂屋があったんよ」

「ご親戚の店で働いていたのが東北の女の子たちだったんですね」

「そうや。みんな前借金背負ってな」

「その金額って、いくらぐらいですかね」

「詳しくはわからんけど、当時の金で五〇万から一〇〇万円ぐらいちゃうか。昔はどこもきょうだいが多かったから、食っていくのが大変や。そんで働きにきとったんよ。わいが昔から知ってる姐《ねえ》やんで、仕事辞めてから五十年ぐらいこっちに住んでた人がおったよ。いまどこにおるかはわからんけどな」

「ご親戚のお店はどのあたりにあったんですか」

「あの更地のとこや。もう建物はない」

彼が指さした更地はフェンスに囲まれていた。あそこに女性たちを置いた店があったのか。

「当時は、お店は儲かっていたんじゃないですか」

「そうやろな。いちばん賑やかやったんちゃうか。わいが中学ぐらいまではどこも店やっとったけど、そのあと法律で禁止されてなくなったんや」

一九五七年に施行された売春防止法のことだろう。
男性はここまで話すと、「悪いな、仕事行かないけんねん」と手を振り、去っていった。

## コロナ禍の天王新地へ向かう

明治、大正、昭和、平成を経てあらたな元号令和となり、新型コロナウイルスに席巻されたこの一年。車窓を流れていく景色を眺めながら、私は天王新地の現在に思いを馳せていた。ガラガラの新幹線を新大阪で降り、特急くろしおに乗り換えると一時間ほどで和歌山駅に着いた。二〇二一年二月、和歌山県には緊急事態宣言が出ておらず、飲食店は午後八時を過ぎてもふつうに営業していた。しかし、名物の和歌山ラーメンを食べようと思い、駅近くに見つけたラーメン屋の暖簾《のれん》をくぐったのだが、店にはひとりも客がいない。

新幹線といい、ラーメン店といい、新型コロナウイルスの影響で人出の激減をまざまざと見せつけられた。そう考えると、不要不急の極みである濃厚接触を生業とする天王新地の店は、休業あるいは廃業していても不思議ではないのかもしれない。しかも一年半前の時点で、営業しているのはたった三軒だったのだ。

いまの天王新地がどうなっているのかは、ネットを検索すればある程度つかめただろう。しかし、私はあえて何も調べずにやってきた。店が営業していれば、働いている女性に生の話を聞いてみたかったし、もし廃業していれば、夢の跡となった街の姿をこの目に焼きつけようと思っていた。

和歌山駅からほど近いホテルでひと息入れ、午後十時を回ったころに駅前でタクシーを拾い天王新地へと向かった。

「まだやっとんのかなぁ。やってないかもしれん。天王なんて二十年ぶりに聞いたな」

私が行き先を告げると、運転手は驚いたような口調で言った。地元の出身で長年個人タクシーの運転手をしているが、大げさではなくずっと、その地名を告げられたことすらないという。

「でも、一年半前に来たときはやっていたんですよ」

「ほお、まだやっとったの。あの細い路地いったとこだろ」

天王新地は、土地の水先案内人であるタクシー運転手からも忘れ去られた存在となっていた。もしかすると、本当にもうやっていないんじゃないか。そんな気持ちになってきた。

二度目の緊急事態宣言が一都三県に適用された二〇二一年一月八日。その夜、自民党二階派議員の秘書たちが和歌山市内で飲食、新型コロナウイルスに感染した。その現場となったカラオケバーのある歓楽街アロチを通りすぎる。明かりが灯っていない看板が目についた。

天王新地は町はずれの川べりに位置し、駅から離れるにつれて街はさらに暗さを増していく。

コロナ禍はタクシーの売り上げにも当然響いていることだろう。後部シートから尋ねると、

「いやぁ、あかんで。いいときの一割ぐらいやな。さっきお客さん乗せるまで、この週末に二時間待ちやったから。知り合いの飲食店も閉めてるところばっかりや」

見覚えのある細い路地の入口でタクシーが止まった。

「おおっ、やっとるな。明かりがついとるよ」

たしかに。車が一台入るのも困難な〝都市のけもの道〟ともいうべき細い路地の奥に、しっかりと明かりが灯っていた。運転手ばかりでなく私も驚いた。色街の人々には申し訳ないが、営業自粛どころか、客足が遠のいて潰れているかもしれない、どこかでそんなふうに思っていた。

前回訪れた二〇一九年六月、この店の看板はいまにも消え入りそうな蠟燭《ろうそく》の火のように見えたものだが、今夜はこの暗い時世を照らす灯台のようだった。

乗車賃を払うと、その明かりに吸い寄せられるように、私の足は「中村」の看板を出した店へと向かった。

## 最古参の語り部、英子

変わらぬ古風な建築の前まで来ると、ガラス戸のむこうに三人の女性の姿が透かし見えた。その中にひとつ、見覚えのあるような女性のシルエットがあった。

「こんばんは」と言いながら、引き戸を開ける。

「まだお店、やってるんですね」

そう声をかけると、ひとりの女性が「古いんですけど、まだやっているんですよ」と応じてくれた。前回私が遣り手のおばさんと勘違いし、座敷童のことを教えてくれた女性だった。私のことは覚えていないようだ。「どのコにしますか」と聞かれ、いちばん古株にちがいない彼女に話を聞きたいと思い、「お願いします」と言った。

階段をあがりながら教えてくれた。

「おととしの台風以来、雨漏りがひどくてね。外に足場が組んであったでしょう。ママが一念発起して、屋根の修理をしているんですよ」

案内されたのは前回入ったのと同じ部屋だった。部屋の雰囲気は何ら変わっていなかった。名前を尋ねると、英子《えいこ》と名乗った。冷たい缶コーヒーを差し出しながら、「お兄さんはどちらからですか」と言う。東京からだと伝えると、

「東京もすごいですね、コロナの感染者が多くて。そんでもね、東京からもよくお客さんが来てくれるんです。ありがたいですよ」

「じつは一年半前にもここに来たんですよ。お姉さんとも話したんですけど、あのころ若い子がいましたよね」と私が言うと、「そうでしたか。いまも一応在籍はしているんだけど、最近は来てないの」との答えが返ってきた。

「そのときお姉さんから座敷童の話を聞きました。ここにいるんだって」

「そうでしたか。私は十六年ぐらい前からこの店にいるんですけどね、下の台所で見たんです。何だろうと思ってママに話したら、『それは座敷童や、前からいてんのや。こら忙しくなるで』って。そうしたら本当にその日は忙しくなって、休憩する暇もなかったんです。これまでに三回ぐらい見てます。で、見た日にはかならず忙しくなるんですよ。福の神ですね」

そしてこう続けた。

「ここは明治以前からあったらしくて、当時の〝お姉さん〟がいるんですよ。白い服を着た」

「それは幽霊ってことですか」

「悪くいえば幽霊やけど、ここを守ってくれているんですよ。だから守り神なんです。見えなくても雰囲気というのかな。この障子のむこうにいらっしゃるな、と感じるときはありますね」

一年半前に話を聞いた地元男性の言葉を思い出した。天王新地ではかつて東北の女性が多く働いていたと。もしかしたら、故郷を遠く離れて働いていた女性の魂が故郷へと帰らず、いまもこの家に宿っているのかもしれない。

「いま私たちがいる部屋は、昔は物をしまっておく場所だったんです。私が入ったときには使われていなかったけど、〝お姉さん〟を最初に見たのはこの部屋でした。でも、全然怖いとは感じなくて。それからしばらくして、新しく入った女のコがこの部屋を使いたいって言ったんです。それで客相手に使いはじめたら、そのコがめっちゃ売れたんですよ。一カ月に二、三〇〇万は稼いでいましたね」

「いまは英子さんがいちばん古いんですか」

「そうやね。歳もいちばん古いけどな」

「失礼ですけど、おいくつですか」

「五十後半になります。ここで働きはじめたのは四十代ですけど、この仕事じたいは二十何年やっています」

「ここに来られる前はどちらで」

「アロチのほうに、昔はサロンがあったんです。ピンサロです」

会話を続けながら、私は自分が取材者であることを伝えるタイミングを計っていた。正面から名刺を渡して取材すると決めていたからだ。五分ほどが過ぎ、少しばかり場が和んだ頃合いで、色街を巡りながら取材を続けている者だと告げ、英子に名刺を渡した。

「本名と顔を出さないならいいですよ。私も引退したら天王新地の語り部になろうと思ってるんです」

実際に彼女は、天王新地の歴史などを調べているという。

「ユーチューバーとかも来てくれて、いろいろ聞かれました。ここの歴史は古いんよ。江戸時代に和歌山の街ができて、そのころにはもうあったみたいだから」

「明治時代かと思っていました」

「何度かやめさせられたりとかあったみたいやけど、はじまりはもっと古いのよ。紀州のお殿様の時代に町の人がお忍びで遊びにくる場所だったとかで。古くからある場所やからかな、私の知るかぎり一度も警察の手入れが入ったことがないんですよ。未成年のコ使ったとか、ぼったくりしたとか聞かされたら警察も来たかもしれないけど、こっちも気をつけてやってますからね。だから女のコも安心して働けるのよ。私はほかのところでは二回捕まってますからね」

「ピンサロ時代ですか」

「そうです。和歌山のサロンは本番やってたんですよ。売春行為になるんでね。女のコは調書だけで帰してもらえるんですけど」

「そのお店、いまもあるんですかね」

「いいえ。二〇一九年に全部なくなったから。全部デリヘルにやられてしまったんです」

「どこへ行っても、いまはデリヘルですね」

「もう和歌山市内で店を開けているのはここだけ。細々とやってるんです」

「僕は嬉しかったんですよ。まだここが残っていて。一月に大阪で緊急事態宣言が出たし、もう潰れたんじゃないかと気になっていたから」

「去年の四月に緊急事態宣言が出た後、いったん閉めたんですよ。九月からは開けたけど、私ひとりでやっているときも多くて。またコロナの感染者が増えてきた十月からは、もう厳しいね」

「お客さん、最近はどれくらい来るんですか」

「お客さん？　内緒。恥をかきたくないもん。ところで、やらんでええの？　時間終わっちゃうよ」

「いいんですよ。もうちょっと話を聞かせてくださいよ」

「えー、やらんでええの。さみしいわ。今日はまだ処女やで私。それで客入りは察してぇな。まぁそれでも、よく来てくれるお客さんもいるのよ。一時間一万円で貸し切ってくれて、おいしいもん食べに連れていったりしてくれてね。お客さんには恵まれているほうだと思います」

「ここは何時から開けてるんですか」

「朝八時には来て、掃除したり、洗濯したり、買い物したり。十時には玄関に座ってお客さん待ってますよ。雑用係みたいなもんなんです。猫もおるからね。こういう街は猫を大事にするんよ。招き猫だから、お客さんを呼んでくれるのよ。犬は〝いない〟を意味する〝居ぬ〟だから縁起悪いんです。それと最近のコはあんまり行かんけど、女性の下《しも》の神様で淡嶋神社というのがあるんです。そこに年に一度はお参りにいきます。おかげさんで下の病気はないけど、糖尿病がつらいんよ。いつまで生きられるかねぇ」

「何を言ってるんですか。お元気そうじゃないですか」

「いやいや。元気そうに見えてもね、つらいんですよ。毎日インシュリン打って頑張ってるんです」

## 家族に翻弄され、他人に救われた人生

話せる範囲でかまわないので、これまでの人生についても聞かせてくれないかと英子に言うと、「いくらでもどうぞ」と応じてくれた。

「ご結婚はされてるんですか」

「していました。十九歳のときに結婚して男の子がふたり生まれ、三十歳のとき別れたんです。姉が借金をこしらえましてね。それを私が全部背負ったんです。八〇〇万円ほどね。それが旦那にバレて離婚ですよ」

「お姉さんの借金は何が原因だったんですか」

「それがわからんのです。飛んでしまったから。知らないうちに連帯保証人にされていて、私が返さないといけなくなってしまった。借金のことで家の中で言い合いになることが増えて、一緒に生活するのがつらくなって別れました。家庭内暴力もあったんですけどね」

「お子さんは、引き取られたんですか」

「元旦那の両親が面倒を見ています。別れてから会ってないんですよ」

「そうですか。会いたいというお気持ちは……」

「いやぁ。むこうもいい大人になってるし、いまさら母親に会いたいというのもないだろうから……。男の子だから奥さんのほうにつくだろうしね。これがもし女の子だったら、会いたいなと思うでしょうけどねぇ。ときおり小さい子を見かけると、孫がいたらこれくらいの年齢かなって、ね」

これまで陽気に話していた英子の表情に、すこし翳がかかったように見えた。

離婚した英子は風俗に身を投じ、借金をひとりで返しはじめた。時は一九九〇年代半ば。バブル景気は弾けていたが、まだまだ和歌山の街は活気にあふれ、風俗で働けば挽回できるチャンスがあった。そして、人の縁にも恵まれた。

「あるサラ金の社長がいい人でね、方々の借金をひとつにまとめてくれて、利子が以前より安くなったんです。サロンで働いて、最初の年は月に四五万ずつ、次の年は三五万ずつ払って、一年半ぐらいで返済しました。忙しかったですよ。夕方の六時から夜の十二時まで働いて、月に一〇〇万円以上は余裕で稼いでいました。最高にお客さんがついたときなんて、六時間で二十三人でしたから」

「そんなに大勢の相手をしたら、下のほうはどうなるんですか」

「張るんよ。最後の人はもうつらくて、お金いらないからって返そうとしたくらいです。でも、当時は粋な人が多かったから、『いいよ、持っとき』ってお金だけ置いていくんですよ。ささっとやって、一〇分もしないで帰るお客さんも多かったからね、時間的にはどんどんさばけたんです。ふつうに三〇分とか接客してたら、一日にせいぜい十人ぐらいしか相手できません」

「当時はお客さんも多かったんですね」

「腐るほどいましたね。和歌山でトップの店でしたし。女のコも多くて、十五人ほど在籍していました。日本人だけじゃなくてタイ人も働いていましたね」

「当時のピンサロは、どういう造りになっていたんですか」

「はっきりいえば、隣とはベニヤ板一枚で仕切ってあるだけです。そこにお布団が敷いてあるっていう感じ。真っ暗で音楽がバンバンかかっているんです」

サロンとは名ばかりで、客にとっては性欲を吐き出す場所にすぎない。しかし、英子にとって饐《す》えた男の体液と香水の匂いが入り混じったその部屋は、明日を夢見る希望の空間だったことだろう。彼女の話を聞きながら、かつて長野県諏訪《すわ》市にあったストリップ劇場の小部屋を思い出した。外国人のストリッパーたちはそこで客の男たちに五〇〇〇円で体を売る。母国に錦を飾るため、日々男たちの相手をしていた。ビールケースの上にマットレスを敷いただけの、夢を叶えるための部屋。一日の舞台がはねたあとでその部屋を見せてもらったのだが、あのとき嗅いだなんともいえない匂いが英子の働いていたピンサロでもしたのだろうなと思った。

英子はピンサロ時代に二度逮捕されたという。一度は店内で、もう一回は路上で客引きをしているときだった。リスクを承知で働きつづけた。

「仕事はそれ以前、何をされていたんですか」

「中学を卒業してすぐ工場で働きはじめました。うちらが育ったのは和歌山の田舎でね。好きな男の子と口も聞けないような恥ずかしがりやだったんです。それから二十年近く経ってサロンで働きはじめたとき、中学の同級生がたまたま来たんですよ。店内は真っ暗やし、誰にもバレんやろとずっと思っていたんですけどね、終わった瞬間にフルネームで本名を呼ばれたんです。途中で気づいたらしいんです。私はまったく気がつかなかった」

「それはすごい話ですね」

「田舎帰っても言わんでよ、と釘を刺しました。彼だって風俗遊びをしてるのがバレたら恥ずかしいでしょうし。お互い内緒やで、と別れたんです。そうしたら翌週、元同級生が五人ぐらい来て順番待ちで並んでるんです。そんなに昔の同級生とやりたいんかって聞きましたよ。こっちは仕事ですから、来られたら断れない。そうしたら、『おまえが中学んときと変わったと聞いて、見てみたかった』と言われて。男子とまともに話せなかった地味な私が、どんだけ人生変わったんやろと気になったそうです。さすがに女子には黙っててくれましたけど。ましてや、いまもこんなところにいるだなんて誰にも言えませんよ。ああ、でもそういえば、ここにも一回だけ先輩が来たけどね」

「相手は気がついたんですか」

「わからんかったみたい。だけど、なんか感じたんやろね。『お姉さん、どこ出身?』って聞かれたから」

「ご両親は、お元気なんですか」

「父親は施設に入ってます。母親はもう亡くなりました。こんな仕事をしているんで、死に目には会ってないんです。ただ、父親とは仲が良かったんで、施設に入る前に市内に呼んで何年か一緒に暮らしました。それがまたトラブルを生んだんやけど」

「といいますと……」

「当時、姉の借金もようやっと返し終えて風俗からは足を洗っていたんですけど、今度は父親の借金が発覚したんです。幼馴染の連帯保証人になっていた。その友達が飛んで、借金が父親に降りかかってきました。年金暮らしの父親には返すあてなんてないですよ。それで、私はここに復帰して、月に五万ずつ返してきました。そういう星の下に生まれてきたんでしょうね」

「お姉さん以外にごきょうだいは」

「兄が三人いるんですが、いろいろあって彼らともずっと縁を切っていたんですよ。それがあるとき、ひょんなことから姉の電話番号が手に入ったんです。散々迷惑をかけられてきたから、どうしようかと思ったんですけど、電話をかけました。それで二十数年ぶりに姉の声を聞いたら、だーっと涙が出てきたんです。借金返済は終えていたし、もういいかって許す気になって。それからは一緒に韓国旅行に行ったりして、仲良く過ごしていたんですけど、二年前に胃ガンで亡くなりました」

いまは愛する二匹の猫と近くのアパートで暮らす日々だ。彼女はしみじみと感謝の言葉を口にした。

「本当にね、ここの店に置いてもらって、ここのママに助けてもらってるんですよ。本当にありがたいです」

この店をはじめたのはママの祖母。戦前のことで、そのころは仲居さんもいたそうだ。天王新地には店と旅館の取り次ぎをする検番もあり、女性たちはこの場所ではなく旅館に行って体を売った。

「検番屋さんがスピーカーで呼び出したそうですよ。当時この店の部屋は、女のコが寝起きする部屋だったそうです。この建物だけでも十以上部屋があって。なにしろ百年以上経ってますからね。いま屋根の修繕をしてますけど、瓦屋さんがびっくりしてますよ。瓦をどかしたら木の皮が張ってあって、その下の柱には、見たことのない木が使われていたそうです」

あらためてこの店の歴史の長さを思った。部屋の壁や天井を見ていると、霊感などまったくない身にとっても、いまこのときも目に見えぬ魂が私たちを見守っているかのような心持ちになってきて、おこがましい話だが天王新地の一部になれたような気がするのだった。

「父親の借金も終わって、これからは自分のためにお金を貯めようと思っていたら今回のコロナでしょう。そんでも、昔よりは楽になりました。もう余分なお金を残す必要はないんだもの。十一歳と十二歳の猫しかおらんからね。せめて猫より一日でも長く生きようと思っていますよ。あの子ら二匹を置いては死ねないですから」

その言葉に悲壮感はなく、人生の大きな辛苦を終えたいま、むしろコロナぐらいひとりで乗り越えるのはどうということもない、といった気配が伝わってきた。

店を出て駅まで歩きながら、天王新地に生きる英子に幸多かれ、と願わずにはいられなかった。

コロナ禍という未曾有の危機のなか、風俗業界の人々は大変な思いをしているにちがいない。そんな先入観をこの場所に来るまで、私自身どこかで持っていた。そして実際に、客足が減るなど苦労は尽きないようだった。しかし、コロナ以前に艱難《かんなん》辛苦を重ねてきた彼女の「いま」の話を聞いて、むしろ元気づけられたのは私のほうだった。

休業補償などの金銭的な支援などとは無縁の世界。ここ天王新地には、かつて「公界《くがい》」とも呼ばれ、世の中から縁を切られた者たちが集い、助け合った色街の伝統が残っている。それゆえに彼女は、己の苦しさを客に見せることなく、働きつづけることができているのではないだろうか。

コロナ禍の世相は、日本に残された数少ないアジールを私の前でくしくも浮き彫りにした。誰にも看取られずにひっそり死んでいく孤独死が増えつづける現代において、こうした場所にはお互いに支え合う人々がいる。この国で失われつつある本物の共助が、天王新地という町にはあるように思えてならなかった。

## 大阪の待ち合わせスポットで客をとる女性

和歌山を訪ねるのと前後して、大阪の風俗街にも足を運んだ。きっかけは一本のネット配信ニュースだった。その産経新聞の記事によれば、大阪の待ち合わせスポットとして知られる梅田地下街の「泉の広場」で、たちんぼの女性六十一名が現行犯逮捕されたという。

二十一世紀の現代に大阪有数の繁華街でたちんぼの摘発がおこなわれた。しかもこれほどの大規模で。そのことに驚きを禁じ得なかった。東京に暮らしている私は、泉の広場の存在は記事を読むまで知らず、なぜこの場所にたちんぼたちが集まったのか大いに気になった。

逮捕された女性たちは、大阪ばかりでなく香川や長崎など多方面から来ていて、年齢も十七歳から六十四歳と幅広かった。泉の広場が売春スポットとして広く浸透していたことがうかがえる。

たちんぼが集まっていたという「泉の広場」

レモンサワ

どのような女性たちが、どんな理由でそこで体を売っていたのだろうか。そして、いま彼女たちはこのコロナ禍をどう生きているのだろうか。

新大阪駅で在来線に乗り換えてひと駅のJR大阪駅で降りると、スマホのグーグルマップを頼りに泉の広場へと向かった。地下街を歩き、いったん阪急メンズのあたりで地上に出ると、商店街のアーケードが目に入ってくる。百貨店が建ち並ぶ駅前とは景色が変わり、飲食店が軒を連ねる通りからは少しずつ生活臭がただよいはじめる。さらに広場に近づくにつれて、風俗店の看板が目につくようになってきた。

螺旋状の階段を降りて、かつては噴水があったという地下の円形広場に着いた。若い女性やスーツ姿のサラリーマン、さらにはハンドバッグを持った六十代と思しき女性が、人待ち顔にたたずんでいる。私は広場の隅に立ち、摘発を掻いくぐって体を売っているたちんぼはどこかにいないかと目をこらしたが、ひとりずつ女性に声をかける勇気もなく、一五分ほどで広場を後にした。

ふたたび地上に出て周囲を歩いてみると、広場から五分とかからない場所にラブホテル街があった。これはたちんぼたちには好都合だったろう。少し行くと、近松門左衛門の浄瑠璃『曽根崎心中』の舞台となった露天神社もあり、江戸時代にできた色街、曽根崎新地にほど近い場所なのだとわかった。

梅田近くに実家のあるジャーナリストの友人に電話して、泉の広場について尋ねてみると、

「泉の広場のあたりは兎我野《とがの》と呼ばれてるんです。いまから二十年ぐらい前までは、ラブホテルの前にタイの女性が立っていたりして、異質な空気が流れていました。江戸時代の遊女たちの墓もあったんじゃないかな」

現在でこそ大阪の玄関口となっている梅田周辺だが、時をさかのぼれば町の外縁部にあたり、墓地の多い寂れた場所だった。兎我野のラブホテル街の前身である寺町は、大坂夏の陣のあと都市整備がなされた際に形成されている。ちなみに『曽根崎心中』の冒頭に登場する太融寺《たいゆうじ》は、いまなお兎我野のラブホテル街の中にあり、淀君の墓があることで知られている。

東京・吉原の立地からもわかるとおり、色街があるのは町はずれ、日常と切り離される川のそばと相場が決まっていた。江戸時代の大坂も同じで、大阪城から見た町はずれに曽根崎新地がつくられた。それが下地となって兎我野のラブホテル街、また泉の広場というたちんぼたちの集う場所が現代にいたるまで続いてきたわけだ。

無数の人々が行き交う繁華街の地下広場にたちんぼたちが集まったのも単なる偶然ではない。歴史的な水脈をたどって湧き出た水が噴き出したのが、まさにこの泉の広場だったのだ。

それにしても、泉の広場が摘発された理由は何だったのか。先の友人を通じ、全国紙の大阪支局に在籍する記者を紹介してもらった。

「泉の広場は、待ち合わせスポットとして有名だったんですけど、いつからか売春スポット

と化したそうなんです。付近の飲食店関係者などから、どうにかしてほしいという陳情が曽根崎署や大阪府警に寄せられていました。それでも警察は手をつけられないでいたんです」

「踏み込めなかった理由は何ですか」

「これまで売春防止法は、五条第一項が適用されていました。これは、公衆の目に触れるかたちで客を勧誘することを処罰の対象としています。たとえば声をかけたり、腕を引っ張ったりとかですね。ところが、泉の広場の女性たちは警察を警戒してみずからは何も行動をとらないので、五条第一項では逮捕することができなかった。そこで警察は検事と相談し、五条第三項を適用して摘発に踏み切ったんです。五条第三項では、人前で客待ちしての売春誘引が処罰対象となります。ただ、たちんぼと一般人の見分けが難しいという理由から、これまで適用されることはありませんでした。今回、適用に踏み切ったのは、慎重な捜査のうえで警察と検察が連携したことによるものです」

二〇一九年五月十五日から主だった摘発ははじまり、翌二〇二〇年二月二十九日まで断続的に続いた。逮捕された六十一名が売春に走った理由は、半分以上の三十八名が生活のため。そのほか重複ありで借金が八名、遊興費のためが十三名、性的欲望が一名、小遣い欲しさが一名、ホストクラブのためが九名だという。

## マッチングアプリでたちんぼに会う

どうしたら当時泉の広場にいたたちんぼたちを探し出せるだろうか。一年近くにわたって摘発を受けた場所だ。仮に女性たちがふたたびここへ戻っているとしても、警戒心は相当強いだろう。そこで私が考えたのは、売春にも利用されているというマッチングアプリを使う作戦だった。

この手のアプリをよく利用している友人を思い出したのだ。浅野君との付き合いは、色街黄金町に興味を持って拙著『黄金町マリア』を読み、彼がメールをくれたことからはじまった。かれこれ十五年になる。もとはマスコミにいたが、わけあって転職し、いまは東京でサラリーマンをしている。

私は事情を説明し、彼が使っているアプリで泉の広場で客をとっている女性を探せないだろうかと相談してみた。

「それはちょっと、難しいんじゃないですかねぇ」

あまり気乗りはしないようすだったが、とりあえずやってみると言ってくれた。

無理な頼み事をした約一週間後、その詳細については記せないが、東京―大阪間の距離をものともせずに浅野君は杏梨という女性を見つけ、自分ではなく私が会う約束まで取りつけてくれた。まさに手練れの仕事というほかない。私は敬意の念をもって浅野君に礼を言った。

「でも、本当に来てくれるかどうか……。ちょっと心配ですけどね」

浅野君の不安はむろん私にもあったが、少しばかりの謝礼を払う約束はしていたし、何となくこれは会えるのでは、という勘もあった。

東京でまん延防止等重点措置が適用された四月五日、私はふたたび大阪へと向かった。杏梨から指定された待ち合わせ場所は、梅田から地下鉄で三〇分ほどの郊外にある町工場の前。そこに昼の十二時とのことだった。

しかし、約束の一時間前に「会えなくなった」というショートメールが入り、ドタキャンされた。やりとりのすえ仕切り直しをすることになった翌日、はたして彼女は現れるだろうかと半信半疑のまま、私は電車に揺られた。

改札を抜け長い地下通路の先から地上に出ると、歩いて五分もしない場所にその工場はあった。飲食店に卸すためのおしぼり工場だった。彼女はここの従業員なのだろうか。

待ち合わせ場所の確認をすませると、近くに話を聞けそうな喫茶店はないかと歩いて探した。住宅街を抜けた幹線道路沿いにこぢんまりとした喫茶店があったが、尋ねる内容が内容だけに気が引けた。さらに歩いていくと、あるマンションに面した歩道に、ふたり並んで腰かけるにはじゅうぶんなベンチがあった。あたりには人の姿もない。ここなら気兼ねすることなく話ができそうだ。

あとは彼女が現れることを願うのみ。待ち合わせ時間の十分前に工場前に戻った。正面の入口から三〇メートルほど離れたところに立って時を待つ。

時計の針が十二時を指して間もなく、ひとりの女性が外に出てきた。距離が近づいてくるにつれ、肌の色は茶褐色で、日本人でないことがわかった。まさかこの人ではないだろう。自転車に乗って彼女が去ると、また別の女性が出てきた。少しぽっちゃりとした体型で、白いハンドバッグを手にしている。おそらくあの人ではないか。

こちらから二、三歩近づくと彼女も気がついたようで、私の会釈に目線で応じた。

「取材で来ました、八木澤です」

「昨日はすみませんでした。杏梨といいます。警察の人、じゃないですよね」

泉の広場の話を聞きたいと連絡してくるような男を警戒するのは当然だ。私が強く否定すると、冗談なのか本気なのか、「あぁ、よかった」と杏梨は小さく微笑んだ。

## 妖怪と女子高生の売春グループ、そして杏梨の場合

住宅街のなか、微妙な距離を保ちながらふたりで歩く。すぐに先ほど見つけておいたベンチに着き、どうぞと言って並んで座った。杏梨は今年、三十歳になるという。ここへ来るまでの会話で、やはり待ち合わせをした工場で働いていることがわかった。昼休みに抜けてきてくれたのだ。よってインタビューの時間は、これから正味約五十分だ。

「さっそくですが、いつごろまで泉の広場にいらしたんですか」

「二〇二〇年の夏ぐらいまでですね」

摘発の後も続けていたのか。そもそも彼女が広場に立つきっかけは何だったのだろう。

「新潟で暮らしていたんですけど、ちょくちょく大阪に遊びにきていて、泉の広場を待ち合わせ場所にすることが多かったんです。初めて友達との待ち合わせで立っていたら、おじさんが近寄ってきて私をガン見してくるんですよ。いきなり『遊びいこか』と言われて、びっくりしましたね。それで、そういう場所なんだとわかりました。その後、大阪に住むようになって、出会い系で会う男性との待ち合わせ場所にしたり、自分でお客を見つけるために立つようになりました」

「いつも何人ぐらいの人が立っていたんですか」

「二十人ぐらいはいたんじゃないでしょうか」

「年齢層も幅広かったみたいですね」

「本当にいろんな人がいましたよ。こんなこと言ったら失礼ですけど、妖怪と呼ばれていたおばさんたちも四人ぐらいいました。空き缶を集めているようなおじさんたちをターゲットにしているんですよ。トイレに行って手でやってあげるんです。料金は五〇〇〇円。それってきっと、おじさんたちが一日働いて稼げるぐらいの料金なんじゃないですかね。妖怪目当てのおじさんたちも多かったですよ」

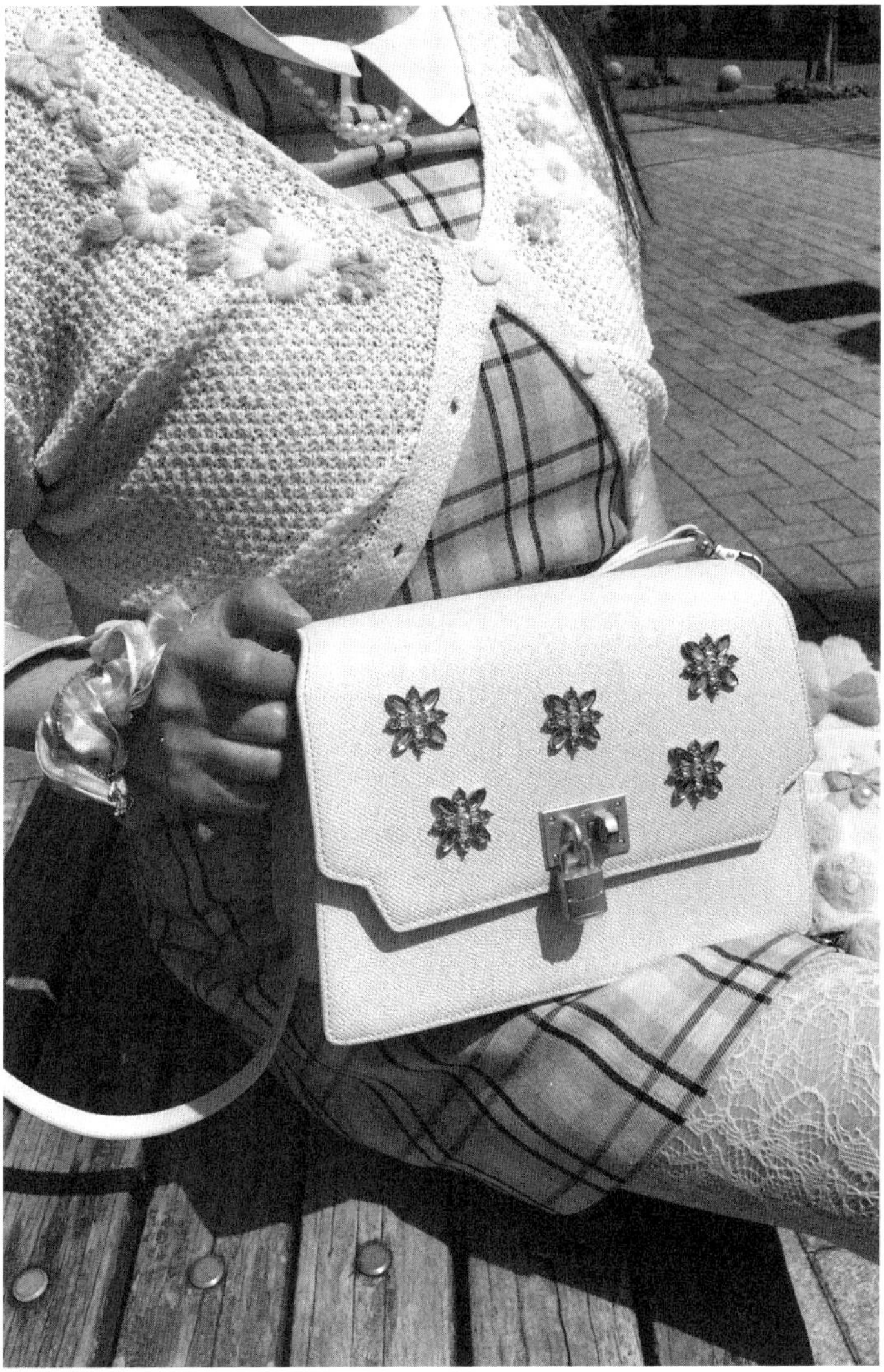

工場勤務の昼休みに出てきてくれた

「なるほど。それに若い子もいたんですよね」

「ええ。女子高生の売春グループとか。制服を着て泉の広場に立っていたから、どこの高校かわかる人にはわかってたんじゃないですか。彼女たちはアナルもオッケーで有名でした」

泉の広場の摘発が続くなか、二〇一九年十一月には女子高生に売春をさせていた容疑で無職森本正明容疑者ら男三名が逮捕されている。芋づる式に売春組織にたどり着いたのだ。売春をしていた女子高生たちには、本人の意思だけではなく、背後で操る男たちの存在があった。

杏梨はそうした男たちの存在まで知っていたのだろうか。

「その森本という人に命令されていたかどうかはわかりませんが、覚醒剤をやるためのお金欲しさに売春している未成年の子がふたりいたことは知ってます。彼女たちもヤクザにハメられたんじゃないですかね。まず覚醒剤から抜けられなくして、売春をやらせたんだろうと思います」

となると、警察の摘発は売春を強要されていた女子高生を救ったことになる。私はこれまで色街の摘発に関しては否定的な意見を述べることが多かったが、組織的な売春に巻き込まれていた未成年の少女たちを救った今回の摘発に関しては警察の手腕に拍手を送りたい。

杏梨自身はたちんぼとして、どのようなペースで泉の広場を利用していたのだろうか。

「大阪に来てすぐにいまの工場で働きはじめたんですけど、あるとき、同僚からあそこに立ってお客を取るやり方を聞いたんです。それで、仕事を終えた足で広場に行ってみました。すぐに稼げましたね。それからは週に三日ぐらい立つようになりました。お客がつかないことは滅多になくて、悪いときでもひとりかふたりは見つかるんです。値段ですか？　一回二万円で、近くのホテルに行くんですよ」

「いまはさすがに行ってないんですよね」

「摘発は実際には終わっていませんし、コロナも怖いですからね」

「知り合いで逮捕された人はいますか」

「いますよ。当時神戸でソープ嬢をしていたコなんですけど、去年の八月に逮捕されました。実家住みで生活費もかからないのに、ソープだけじゃなくてあそこで売春もしていたのは、ホスト遊びや洋服、飲食にカードローンを使いまくって、借金がすごいことになっていたからです」

「どうやってその女性と知り合ったんですか」

「泉の広場で立っているときに、スマホで出会い系もやっていたんですけど、あるとき彼女から『仲良くしてください』とメッセージが来たんです。べつにレズ目的ではないんですよ。それから会うようになって、泉の広場のことを話したら彼女もやると言うので、一緒に立ったりしましたよ」

出会い系のアプリは男と女が出会うためのものだとばかり思っていたが、女性どうしでも使われているようだ。ところで、その友達はどのように逮捕されたのだろうか。

「警察がアプリを利用してきたんです。客を装って近づいてくるんですよ。だから私も最初、あなたのことを疑っていました。いきなり話を聞きたいっていうのは、やっぱりおかしいですもん。彼女の場合は、見込み客のフリをした刑事と一カ月ぐらい連絡を取り合っていましたね。そのあいだに売春の事実やお金のやりとりなどの証拠を押さえられたんです。彼女には何度も、『自分からお金の話をしたらダメだよ』と言っていたんですけど、あんまり警戒していなかったみたいで。いざ会ってホテルに入ったところで逮捕されたんです。『全部証拠はあるからな』って。もうどうしようもないですよね」

警察は泉の広場での張り込みもしていたという。

「警察の人はすぐわかりますよ。客のおっちゃんはガン見してくるんですけど、警察の人は目がつねに動いているから。きょろきょろとあたりを見まわしたり、目が合いそうになると視線をそらして時計を見たり。それでも確証はないので、絶対にこちらから男の人を誘うことはありませんし、明らかに客だとわかっても、自分からお金の話は絶対口に出しませんでした」

かなりの緊張感を持って働きつづけていたことが伝わってくる。

彼女の話を聞いているあいだ、二〇メートルほど離れた家の陰からひとりの初老の女性がこちらを見つめているのに気づいた。はたから見れば、ノートを手にした中年の男が若い女性とベンチに座り、質問を投げかけながら必死にメモを取っているようすは、さぞ怪しげに映ったことだろう。それこそ、私が何かの事件を追いかける刑事にでも見えたのかもしれない。物言わぬ人の視線を遠くに感じながら、私は話を続けた。

彼女がなぜ大阪に出てきたのかが気になっていた。

「離婚したからです。もともとは北海道の出身で、二十歳でお見合い結婚して新潟に嫁いだんですけど、夫のDVがひどかったんですよ。結婚当初はやさしかったんですけど、子どもができて日々育児で忙しくて、夫にかまっていられなくなったころからDVがはじまりました。彼からしたら、俺の相手もしろってことなんです。子育てをしていると、夜の相手をするのも面倒になってきて。もともと毎晩のように求めてくる性欲の強い人だったから、拒絶されたのが気に入らなかったんでしょうね。それ以来、ちょっとお酒を飲むと殴る、蹴るで。姑も冷たい人でもちろん助けてはくれないし、『あんたはヨソもんだから』って私の食事だけ出してくれないこともよくありました。最悪でしたね。十年は我慢したんですけど、限界でした」

最後の数年は精神科に通うなど、追い詰められた末の決断だった。夫は離婚に取り合おうともしなかったが、どうしても離婚したいと譲らない杏梨を前に、彼女が親権を手放すことを条件に離婚に応じたという。

地獄のような日々から逃れた先で彼女がたどり着いたのが、泉の広場だった。

ところが、渇いた日常を潤してくれたその場所も摘発によって近づくこともままならなくなり、いまではおしぼり工場の給料とアプリで出会った男に体を売った金で生活を支えているという。

「コロナの影響で工場は就業時間が削られて、月に一〇万円ぐらいしか入ってこなくなったんです。あとは出会い系のアプリのお客さんから月に六万ぐらい。これじゃあ貯金なんてできません。毎日を過ごすのでぎりぎりです。早くコロナが終わってほしいですね」

彼女の人当たりのよさもあるのだろう。アプリで出会った男のなかには固定客となった者も数名いるという。高校を卒業したばかりの若い男のコには、恋愛相談に乗ってあげたうえで筆下ろしの相手もしてあげたそうだ。

最後の話などは微笑ましくて、声をあげて笑ってしまった。痛みや悲しみから笑いまで、濃密な彼女の人生遍歴の一端に耳を傾けているうちに、あっという間に昼休みの時間も終わりに近づいてきた。

杏梨は午後からの作業のために腰を上げると、小さく会釈をして工場へと戻っていった。

## 飛田新地、松島新地と兎我野の夜

その夜、八時を回るのを待って私は飛田新地へ向かった。最寄り駅の新今宮でタクシーを拾う。大阪の激安ローカルスーパーとして知られる「スーパー玉出」のけばけばしい電飾看板が右手に見えたら、もうすぐそこだ。堺筋を左手に折れて飛田に入ったが、かつて艶やかな光に照らされ男たちが行き交っていた通りには人の気配がいっさいなかった。街灯が灯っているだけで、あの見慣れた飛田の風景はどこにもない。ここが飛田だと、腑に落ちて認識するのにしばし時間がかかったほどだ。あの華やかだった街が殺風景なゴーストタウンと化していた。

その足で九条駅からほど近い松島新地にも行ってみたが、やはり働く女性や客の姿はなく、街灯だけがさびしく通りを照らしていた。五大新地のなかでも飛田に次ぐ規模のここ松島でも状況は変わらないようだ。大阪を代表する色街から、まさに日常の色が失われていた。

この日、私は杏梨や泉の広場のたちんぼたちが客を連れ込んでいたラブホテルが建ち並ぶ歓楽街、兎我野に宿をとっていた。

兎我野には風俗店も多く、通りを歩いているとすぐ客引きたちから声をかけられた。そのうちのひとりに、この風俗街がいまどんな状況なのか尋ねてみた。応じてくれたのはヒロキという二十五歳の若者だ。通りにはめぼしい客の姿もなく手持ち無沙汰だったのか、気安く私の問いかけに答えてくれた。

こうして外で客引きもするが、本職は女性を風俗店などに斡旋するスカウトだという。高校卒業後、二十歳でこの仕事をはじめて今年で五年目。兎我野界隈で自分がスカウトした女性の働く店に、路上でつかまえた客を送り込んでいるそうだ。

「みんな、このへんのキャバクラだとかデリヘルで働いてますよ。店によってちがいますけど、彼女たちの売り上げのうち一〇パーセントぐらいが僕の収入になります。コロナ前は月平均で一〇〇万は稼いでましたね。最悪だったのは去年の四月から五月。一〇万ぐらいにまで落ちましたから」

彼がスカウトした女性たちは、コロナを経てどのような状態にあるのだろうか。

「二〇二〇年の三月ごろまでは、キャバクラから風俗へ流れる女のコがけっこういましたね。でも、緊急事態宣言が出たどん底の四月、五月が過ぎてからは、風俗からキャバクラへ逆流したんです。そっちに夜まで開いている店が増えたんで、キタやミナミはけっこうお客さんがきたんです。秋ごろからは、デリのコたちも少しずつコロナ前みたいに動きはじめてたんですけど、年が明けたらまたコロナの感染者が増えて、緊急事態宣言だったじゃないですか。一気にお客さんが減りましたよ」

大阪で最初に緊急事態宣言が出された期間は二〇二〇年四月七日から五月二十一日。二回目が二〇二一年一月十四日から二月二十八日にかけてであった。

「この一年、仕事にあぶれた風俗嬢が水商売以外の仕事に鞍替えするようなケースはありましたか」

「昼職の話は聞いたことがないですね。お店の仕事が厳しくなったコは、だいたい出会い系のアプリじゃないですか。それでパパ活をやったりして、しのいでいるコもいますよ。まあ、そんなにはコンスタントに稼げないと思うんで、副業みたいな感じでしょうけど」

コロナ禍にあっては、やってくる客のようすにも大きな変化が見られるという。

「変なお客さんが増えましたね。盗撮とか。何度もデリの女のコから連絡が来て、うちのスタッフがそのたびにホテルへ駆けつけましたもん。それと、この街でも車上荒らしが増えて、犯人グループが逮捕されたこともあったな。そんな話、コロナ前にはほとんど聞いたことがなかったですから。生活が厳しくなって、何でもして金にしようと考えるような連中が増えたんじゃないすか」

ヒロキに立ち話で取材をしたのは夜十時ごろで、コロナ前ならこの時間帯は道ゆく大勢の人々で活気にあふれ、酔客の嬌声がこだましていたはずだ。しかし今夜、兎我野の風俗街には人通りすらほとんどなく、何をするともなく突っ立っている客引きたちの姿ばかりが目についた。

ひどいときで収入が一〇分の一にまで減ったというヒロキだが、コロナ前から無駄遣いをせず貯金に回していたこともあって、たしかにダメージは受けているものの、困窮するまでにはいたっていないという。以前から欠かしたことがない親への毎月三万円の送金も、変わらず続けていると言った。

「いまは苦しいけど、かならずチャンスはくるんじゃないですかね。女のコたちもみんなそう思って頑張ってるんやろうと思います。だからもうしばらく、僕もこの仕事を続けていくつもりです」

そう言って、私にかすかな微笑を浮かべて見せたヒロキの目には、きっと寂れた現在の兎我野ではなく、財布を握った多くの男たちが行き交い、賑わいを取り戻した街の状景が浮かんでいるのにちがいない。

# おわりに

二〇二一年十月一日に四回目の緊急事態宣言が明けたのち、久しぶりに街でも歩いてみようと上野に出た。アメ横のガード下に並んだ飲食店はどこも満員で、以前のように多くの人が通りを行き交っている。当たり前だった日常が戻ってきたことを素直に嬉しく思った。

第2章で触れた吉原のソープ嬢真理子は現在のようすについて、店が満室になるほど客が戻ってきて、地方の客からも「行くよ」と電話がかかってくるようになったという。まだはっきり霧が晴れたわけではないが、彼女たちの暮らしもリズムを取りもどしつつあるようだ。

吉原のことを考えていたら、ひとつの寺のことが頭をよぎった。上野から日比谷線で二駅の三ノ輪にある浄閑寺である。吉原の遊女たちが眠る寺だ。過去に何度か取材で足を運んでいるが、町歩きの最中にこの寺のことが頭に浮かんだのは初めてだった。

私は地下鉄に乗り浄閑寺に向かった。アメ横の喧騒とは裏腹に参拝者の姿もなく、境内はひっそりと静まり返っていた。

江戸時代、吉原で亡くなった身寄りのない遊女は着物の胸元に六文銭を入れられ、藁《わら》を編んだ筵《むしろ》にくるまれて浄閑寺の山門に置かれたという。過去帳には、本人の名前と借金の形《かた》に働いていた遊廓の屋号ぐらいしか記されていないという。寺の住職によれば、どの土地から吉原へやってきたのかもわからない女性がほとんどだという。

コロナ禍の真っただ中をもがきながら生きる各地の娼婦たちとの出会いが、はかなく一生を終えた遊女たちのことを私に思い起こさせたのかもしれない。

二〇二〇年の女性の国内自殺者数は、過去五年間の平均とくらべ三割近くも増えたという。飲食やサービス業など、非正規労働者の雇用環境がコロナ禍によって悪化した影響は大きく、命を絶った女性のなかには性風俗で働いていた女性もいたことだろう。

江戸時代と現代とでは社会状況が異なるとはいえ、今回の取材でもやはり、夫の暴力や親族の借金など自分の意思とは関係のないところで人生の濁流に巻き込まれ、娼婦となる道を選んだ女性は少なくなかった。

彼女たちの多くは、売り上げが半減したなどとこぼしながらも、けっして弱みを見せることなく、強くしたたかに生きていた。同時に、筵に包まれ寺に投げ込まれた江戸時代の遊女のように、奈落に堕ちるぎりぎりのところを歩いてもいた。取材者という傍観者でしかない私には何の手助けができるわけでもないが、いまを生きる彼女たちに、少しでもよい明日がやってくることを願わずにはいられない。

浄閑寺の境内に響く小鳥のさえずりを聞きながら、私は遊女たちの供養塔に手を合わせた。

本書は、「文春オンライン」にて配信された記事を大幅加筆のうえ再構成し、書き下ろし(第1章)を加えたものです。第2章は2021年6月5日付、第3章は9月4日付、第4章は1月1日付、第5章は3月13日、4月29日、6月19日付の配信記事をもとにしています。

本文中の人名は一部を除き仮名です。


## 八木澤高明
Takaaki Yagisawa


1972年神奈川県横浜市生まれ。ノンフィクションライター。写真週刊誌カメラマンを経てフリーランスに。『マオキッズ　毛沢東のこどもたちを巡る旅』で第19回小学館ノンフィクション大賞優秀賞を受賞。2000年代初頭から日本各地の色街を歩きつづけ、『黄金町マリア　横浜黄金町 路上の娼婦たち』『娼婦たちから見た日本』『色街遺産を歩く』『青線　売春の記憶を刻む旅』『日本殺人巡礼』など著書多数。

# コロナと風俗嬢


2021年12月30日　第1刷発行

著　者　八木澤高明
発行者　藤田 博
発行所　株式会社 草思社
160−0022　東京都新宿区新宿1-10-1
電話 営業03(4580)7676　編集03(4580)7680
本文組版　有限会社マーリンクレイン
本文印刷　株式会社三陽社
付物印刷　株式会社暁印刷
製本所　加藤製本株式会社

ISBN978-4-7942-2546-7　Printed in Japan　検印省略